哲学研究　第六百六号

統計学はなぜ哲学の問題になるのか

大塚　淳

一　はじめに

あらゆる事柄に関するデータが収集され「ビッグデータ」として活用される今日の高度情報化社会において、統計学はますます重要な地位を占めてきている。20世紀において、統計学は科学的方法論の中枢を担ってきた。また21世紀に入り急速に発展してきた機械学習技術は、音声・画像認識、購買履歴に基づいたレコメンドシステム、認証技術や自動運転などを通じて、我々の生活の隅々にまで浸透しようとしている。

こうした統計学および機械学習の急速な発展は、もちろん人文系の学者にとっても無関係なものではない。現に、AIやコンピュータが人間に替わり判断を行う、あるいは特定の判断に繋がりやすい情報を選択的に提示することの法的および倫理的含意については、様々な仕方で議論が呼び起こされている。しかし社会的影響についての議論を別として、統計学や機械学習の手法や考え方自体の哲学的含意を分析する論考は、少なくとも本邦においてはあまり現れてこなかったというのが実情であろう。(1) これは、哲学・統計学の双方にとって非常に不幸なことであると思われる。というのも、統計学には、哲学者が伝統的に論じてきた問題や、それを考える上での具体的なヒントが様々な形で表れ出ているからであり、また逆に、哲学的な議論を参照することによって、統計学の考え方やそれが直面する問題がクリアに把握されることもあるからである。本稿ではこうした観点から、昨年上梓した小著(2)の内容を部分的に紹介する形で、統計学と哲学の双方向的関係性について考察してみたい。

統計学の重要性は、それが現代における標準的な帰納推論の枠組みを与える点にある。かいつまんでいえば、統計学とは与えられたデータから未観測の事象について推論する手立てを与える数理理論である。一方ヒューム以来、哲学者は帰納推論の可能性とその条件について長らく論じてきた。現代数理統計学は、ヒュームの懐疑論に肯定的な答えを与えるわけではない。しかしながらそれは、一定の数理的仮定を置くことによって、その枠組みの範囲内で、帰納推論を定式化し、その精度を評価することを可能にする。統計学を具体的問題に適用するとき、科学者は世界や対象をそうした数理的仮定に従うものとして、つまりそうした数学的構造を有するものとして捉えている。これは世界に対するある種の存在論的態度と言えよう。であれば、それがどのような存在論なのか、つまり種々の統計学的手法はどのような存在論的要請を持つのかということが第一の哲学的問題になる。

統計学は、そうした存在論的前提を確率論の用語によって定式化する。しかしそれは数学的構造であり、現実の対象ではない。ここから、前者を後者によって解釈する意味論的問題が生じる。具体的には、確率とは何を意味するか、因果関係とは何か、あるいは統計的検定において広く用いられている「p値」とは何か、というような問題群は、この意味論的関心に基づく。

最後に、統計学の本丸は、そのように措定され、解釈された数学的構造をデータから推論することに存する。この推論は帰納的であり、推論対象についての確実な答えを与えてくれるわけではない。そうでありながらも、我々は統計的手法がいずれかの仮説をデータから正当化してくれることを期待している。では、それらの手法はどのような意味で対象についての知識を我々に与え、また仮説を正当化してくれるのだろうか。こうした問題は、プラトン以来の認識論の伝統的課題である。ここに、統計学が持つ三つ目の哲学的側面、すなわち認識論的側面が現れる。

前述の拙著では、ベイズ統計や古典統計、予測理論、機械学習、因果推論などの様々な統計学的理論に対し、この存在論的・意味論的・認識論的という三つの哲学的側面から分析を加えた。しかしここでは紙幅の都合上、存在論と認識論という側面に的を絞った上で、上掲書での議論を部分的に紹介したい。

二　統計学における存在論的問題

ヒュームが喝破したように、帰納推論を行うためには、与えられた現象／データ以上のものを世界の側に仮定しなければならない。自然の斉一性は、そうした存在論的仮定の最たるものである。しかしそれだけではない。統計学では帰納推論を行うために、斉一性としての確率モデルに加え、さらなる仮定を加えるのが一般的であり、そうした存在論的仮定の強弱によって、扱える推論の幅が決まってくる。この節では、統計学で導入される種々の存在論的前提と、その評価基準について考察しよう。

二・一　自然の斉一性としての確率モデル

治験結果を元に薬効の有無を判断する／気象データから明日の天気を予測する／出口調査から選挙結果を判断する等々、我々の社会における多くの判断は統計的推論に基づいている。このように与えられたデータから未観測の事象を推測する統計的枠組みを、推測統計（inferential statistics）と呼ぶ。推測統計は基本的に帰納推論の枠組みであり、よってそこにはヒュームが指摘した困難が直接当てはまる。ヒュームは、帰納推論を行うためには、現象の背後に自然の斉一性（uniformity of nature）を想定しなければならないと指摘したのであった(Hume, 1739)。推測統計においてこの斉一性の役割を果たすのが、確率モデル（probability model）である。確率モデルは、観測されるデータが引き出される（サンプルされる）もととなる空間（標本空間 sample space）を、確率論の用語によって定式化したものである。よってそこには観察されたデータだけでなく、将来観測されるであろう、あるいは決して観測されずに留まるかもしれない可能性もすべて含まれている。重要なのは、複数のサンプリングを通して、この確率モデル自体は同一に留まるという想定である。この斉一性の仮定を置くことによって、得られたデータを用いてこのモデルの内実を推論することを通じて未だ見ぬ事象を推測する、という推測統計の戦略が正当化される（図1）。

もう少しこの確率モデルの内実に分け入ってみよう。確率モデルは標本空間およびその上の確率関数から構成される。(3) 標本空間は、我々が「事象」と呼ぶものを部分集合として含む集合である。例えば「サイコロを1回投げて偶数の目が出る」という事象は{1, 2, 3, 4, 5, 6}からなる標本空間の部分集合{2, 4, 6}として表せる。確率Pとはこのような部分集合としての事象にその「大きさ」を0から1までの範囲で与える、つまりその大きさを「測る」関数である。よく知られた

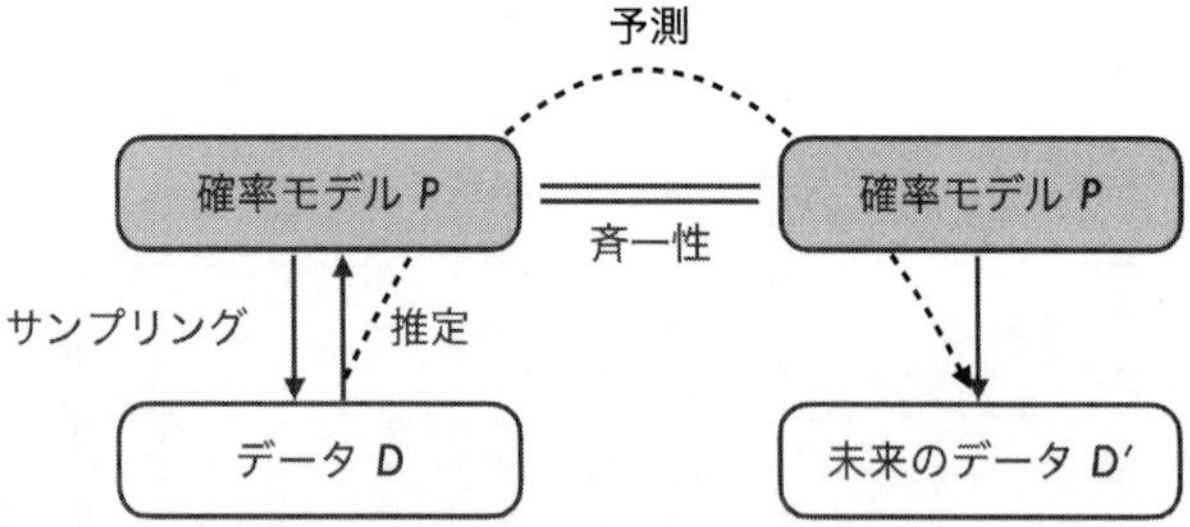

図1：推測統計において、データは確率モデルからの部分的抽出として扱われる。確率モデルは直接は観察されず、データから帰納的に推論されるのみである。この確率モデルが斉一的に留まるという仮定を置くことで、既知のデータから未知のデータへの予測が根拠付けられる。

確率の公理とは、この関数が「大きさ」のメジャー（測度）になっているために最低限満たしておいてほしい条件をまとめたものだと理解できる。

こうした確率モデルは、ヒューム以来の哲学者が「自然の斉一性」という名で呼び表してきたものを、確率論の用語を用いて数学的にモデル化したものだと言えよう。よって統計学者が帰納推論を行うとき、彼女らもまたこの意味において、自然の斉一性がデータの背後に存在すると想定していることになる。これは一般に「真のモデル」と呼ばれる。

自然の斉一性を確率の用語によって書き表すことで、そこから様々な帰結を導くことができる。有名どころとしては、コインを無限に投げ続けたときの表の相対頻度はその「真なる確率」に漸近していくという大数の法則や、どのような試行であれ平均をとると、その分布は正規分布に近づくという中心極限定理などが挙げられよう。これらは、単に斉一性が成立している（考察対象が一つの不変的な確率モデルとして記述できる）という想定のみから導かれる理論的結果である。「のみ」というのは、こうした結果に必要なのは単に確率モデルがあるということだけであり、それがどのようなものであるかについて（つまり「真のモデル」がどのようであるかについて）我々が知っている必要はないということだ。実際のところ、我々は確率モデルの全貌を観測することはできず、「真のモデル」は我々には常に隠されている。しかしその内実ついて全く情報を欠いていたとしても、単に斉一性が成立しているという存在論的前提のみから、帰納推論についての一定の保証を与えることができる。このことを上の法則や定理は示している。

二・二　自然種としての統計モデル

しかしながら、斉一性が保証してくれる漸近定理が有効になるのは、基本的には大標本のみであり、それほど多くのサンプルを取れない科学的推論においては現実的な解たりえないことが多い。その場合、統計学者はさらに踏み込んで、斉一性の内実自体に仮定を立てる。この仮定は統計モデル（statistical model）と呼ばれ、斉一性として立てた確率関数を、有限個のパラメータを持つ関数として明示的に書き下すことで得られる。例えば有名な正規分布は、平均μと分散σ^2という二つのパラメータによって定まる関数として、次のように書き下せる：

$$p(x) = \frac{1}{\sigma\sqrt{2\pi}} \exp\left(-\frac{(x-\mu)^2}{2\sigma^2}\right)$$

パラメータμ, σ^2を定めてやった上で、上式のxに様々な値を代入すると、その確率$p(x)$が得られ、それをプロットするとお馴染みの釣り鐘型のグラフが出来上がる。先に述べたように、斉一性／確率モデルを想定したからといって、その確率関数が実際にどのような形なのかは誰にもわからない。そうであっても、その関数はだいたいこのような関数形で書けるだろうとアタリをつけるのが、統計モデルの役割である。

統計モデルとして仮定される関数には、上述した正規分布の他、ベルヌーイ分布、二項分布、ウィッシャート分布等、様々な形がありうる。こうした関数形の様々な種類を、分布族（families of distribution）と呼ぶ。またこのように名前が定まった分布族の他、変数間の関係を方程式によって表す回帰モデルなども統計モデルの重要な事例である。

確率モデルの想定に加え、それをさらに統計モデルを用いてモデル化することの利点はどこにあるのか。最大の利点は、それによって隠された斉一性のあり方について、より踏み込んだ推論ができるようになることである。確率関数が有限数のパラメータを持つ関数の形で書けると想定することで、確率モデルについての推論を、パラメータの具体的な値についての推論に落とし込むことができる。例えば、対象が正規分布に従うと仮定できるのであれば、その平均と分散を推定するだけで確率モデルを同定できることになる。つまり自然の斉一性についての統計的仮説が、数個のパラメータの値に関する仮説に還元される。これをもとに、データからパラメータを推定することによって、自然の斉一性のあり方を推定し、かつそれを元にして未観測事象を予測する、という方途が開けるのである。こうした推測統計の方法を、パラメトリック統計と呼ぶ。

統計モデルとは、それ自体は複雑で捉えどころのない「真の確率」を、明示的な名と数式によって切り出すものだと言える。その意味においてこれは、哲学の文脈で「自然種（natural kind）」と呼ばれてきたものに近い。例えば我々は「金属」という自然種（化学種）によって、混沌とした現実世界の内のいくつかの部分（つまり、我々が普段「金属」という語によって指し示す対象）を切り出す。その時我々は、その金属とされるものが共通して持つ何らかの特徴を念頭におき、それによって事物を分類している。さらに金属は複数のパラメータを持ち、それを同定することで、対象となる物質を（例えば「金」や「鉄」などとして）一意的に同定することもできる。こうすることで、単に対象を同定するだけでなく、その対象がどのようにふるまうのか（例えば磁石を近づけたら、王水に入れたら、どうなるのか）を帰納的に予測することができる。

統計モデルは、まさにこうした自然種と同様の役割を統計的推論において果たす。つまりそれは様々な帰納問題を類別する「種（kinds）」として機能する。例えばコイン投げのように二つの結果を持つ試行であれば、ベルヌーイ分布によるモデル化が適切だろう。他の事象、例えば身長などであれば、正規分布が適切かもしれない。化学者が試薬を分子式によって識別するように、統計学者は帰納問題を統計モデル（分布族）によって分類する。また化学者がそのように同定された分子式から試薬の反応を予測するように、統計学者は推定された分布から将来サンプルされるであろう事象を予測する。このように統計モデルは、統計学における自然種、いわば確率種（probabilistic kind）としての役割を担っている。これは、単に自然の斉一性を想定するだけでなく、それを特定の離散的な種類へと分類・還元するという意味で、より強い存在論的前提を体現している。パラメトリック統計は、こうしたより強い存在論的想定を立てることによって、よりきめの細かい推論を可能にするのである。

二・三　確率種の良さとリアルパターン

では上述したような存在論的前提の「良さ」はどのようにして評価されるのだろうか。それは我々が自然種に何を期待するかによって決まってくる。自然種に対する最も一般的な期待は、それが世界の真のあり方を忠実に反映している、ということだろう。実際、化学者が金と銀を分けるとき、それは物質世界の客観的な区別を反映していると我々は期待する。統計学においても同様に、仮定された自然の斉一性の性質をできるだけ正しく捉えることは重要であるように思われる。なんとなれば、図1で示したように、我々はそうした斉一性の把握を通じてのみ未観測の事象に対する予測を立てることができるからである。

もしそうだとすると、対象をできるだけ精緻に記述できるような詳細な統計モデルこそが「良い」確率種である、という還元主義的な結論が導かれるように思われる。モデルの詳細さの代表的な指標として、パラメータの数がある。例えばある一つの性質(例えば年収)を予測するために、他の一つの性質(年齢)のみを用いる線形モデルと、それに加えて学歴も考慮するモデルでは、後者の方が一つ余計にパラメータを持ち、その分粒度が高い。これを敷衍すれば、できるだけ多くの性質を詰め込んだモデルの方が年収についてのより良い予測を提供してくれるだろうと結論したくなるかもしれない。

しかしながら、実際には必ずしもそうではない。赤池弘次が示した情報量規準（AIC; Akaike Information Criterion）の観点からは、多すぎるパラメータはかえってモデルの予測性能（汎化性能）に対するペナルティとして働く(Akaike, 1974; 赤池ほか, 2007)。詳細は省くが、詳細すぎるモデルは、柔軟すぎるがゆえに、データに含まれるノイズを拾ってしまい、手持ちのデータに過剰適合（overfit）してしまうのである。したがってこの観点からは、適度に粒度を落とした荒いモデルの方が、より予測性能が高い、「良い」モデルでありうるという可能性が示唆されるのである。

赤池の理論は、自然種に対して我々が期待するもう一つのあり方を反映している。すなわちそれは、自然種は現象の予測に役立つものでなければならない、という期待である。例えば我々が日常においてカラスを一つの生物種として捉え、それを単なる原子や細胞の集積物として見ないのは、前者の捉え方のほうがより豊かな予測を我々に与えてくれるからである。デネットは、我々の予測関心に基づいて切り出されるこのようなまとまりを、リアル・パターンと呼んだ(Dennett, 1991)。例えば、「カラス」は物理学的には随分と曖昧で不正確な一般化かもしれないが、我々の日々の予測関心に良く合致する限りにおいて、十分リアルな存在である。ここで含意されているのは、我々の存在論が予測というプラグマティックな関心に基づいて編成されているという考え方である。AICを始めとしたモデルの汎化性能を重視したモデル選択規準は、こうしたリアル・パターンとしての自然種の「良さ」を計るものだと考えることができるだろう。

二・四　機械学習の存在論

プラグマティズム的存在論が含意するのは、存在の区分(何が良い自然種と認められるか)が我々の予測関心と認識的制約によって決まり得るということである。ラプラスの悪魔のような存在であれば、「カラス」などという概念に頼らずとも、物理的状態のみから任意の精度で将来を予測することができるかもしれない。つまり何が「自然種」として認められるかは認識者に相対的にのみ定まるということになる。

近年急速に研究が進んでいる深層学習(deep learning)は、このことの可能性をより鮮やかに示唆する。深層学習で扱われるモデルは極めて巨大であり、そのパラメータの数は多いもので数千億個に達する。前述のように、このように複雑なモデルは通常そのままでは過剰適合を起こし、大した汎化性能を期待できない。その問題を、モデルの構造上の工夫、学習手法の改良、そしてとりわけ大量のデータによる学習などによって解決したのが、近年の深層学習モデルである。そのような大量のデータによって裏付けられた深層モデルは、我々の理解を遥かに超えた粒度で自然の斉一性を捉えていると言えよう。深層モデルに対してしばしば向けられる「ブラックボックス」という批判は、こうした点に起因している。つまり我々は自然種に対して、ある種の「扱いやすさ」や法則性を期待している。例えばメンデレーエフの周期表は、単に様々な化学種を分類するだけでなく、その分類の規則性を開示するという点でも我々の理解に寄与している。一方、深層学習によって得られるモデルは、仮に現象の斉一性を高い精度で捉えていたとしても、我々にこうした理解を与えてくれない。つまり、そのモデルのどの部分が対象の何に対応し、どのパラメータを変えると何が帰結するのかということについて、明示的な解を与えてくれないのである。こうして深層学習は、予測力と理解可能性のトレードオフを我々に突きつける。伝統的な科学観においては、両者は常に一体であった。しかし深層学習は、その強力な予測力と引き換えに理解可能性の放棄を我々に迫っているように思える。そのように理解可能性を欠いたかたまりをそれでもなお一つの「自然種」という存在論的単位として認めるのかどうかということは、哲学的に吟味されるべき問題であろう。

またこれに加え、深層学習はもう一つの興味深い存在論的問題を提起する。それは、深層学習モデル自体が、データの中から一つのパターン、ないしは独自の「自然種」を発見する認識者として考えられるという可能性である。例えば画像認識モデルは、与えられたデータから「猫」や「自動車」などといった対象を学習し、判別することができるようになる。あるいは近年囲碁において世界トップ棋士を打ち負かしたAlpha Goは、人間の棋士には未だ理解できないような囲碁の「型」を見出しているのかもしれない。実際、モデルが入力データから適切に対象を切り分け認識しているということは、例えば自動運転技術などの実用化にとって、必要不可欠な前提である。

よって当然、深層モデルがデータからどのような「存在論」を構築しているのかということは、単に学術的関心のみならずその実践・応用の観点からも問われるべき問題である。

この点で興味深い問題として、敵対的事例（adversarial example）と呼ばれる現象がある。これは元画像（例えばパンダ）に、我々の目には全く違いが見いだせないようなノイズを乗せることによって、モデルが誤った判断をしてしまう（例えばそれをテナガザルだと認識する）という事例である。より深刻な事例としては、道路標識にステッカーを貼ることで、特定の自動運転システムに誤動作を引き起こさせるような可能性が指摘されている。こうした敵対的事例の存在が示唆しているのは、一見我々と同じように判断しているかに見える深層モデルが、実は我々とは全く異なった存在論を構築している、という可能性である。つまり我々が「パンダ」という概念で抜き出しているパターンと、深層学習モデルがそう判断するパターンは、たとえそれがこれまでのデータにおいて完全に一致していたとしても、実は全く異なるものかもしれない。これはクリプキが論じた、いわゆる「ウィトゲンシュタインの足し算のパラドクス」の実際例に他ならない（飯田、2016）。敵対的事例は、この哲学的パラドクスが単に原理的な可能性ではなく実際に起こりうる問題であること、そしてその解決は深層モデルの社会的応用にとっても重要な課題であることを示している。

これはもちろん、足し算のパラドクスが解決されない限り深層モデルの社会応用を認めるべきではない、ということではない。しかしそうした現象が生ずる可能性を認めた上で、それが起こることを防ぐ手立ては考えられるべきであろう。つまり我々は、深層モデルの存在論を読み解き、我々のそれとすり合わせる必要がある。しかしそもそも、深層モデルが異なる自然種概念を用いているかどうかということを、我々が知る手立てはあるのだろうか。これはまさに、クワインが翻訳の不確定性として提示した問題に他ならない（Quine, 1960）。実際、モデルの評価はある種の根底的翻訳を内包しているといえる。モデルが「猫」とラベル付けするものは、我々がその概念によって理解しているあの動物と同一だろうか？実はそれは単に猫に特徴的な性質や背景の組み合わせに反応しているだけかもしれないし (Xiao et al., 2020)、あるいはより複雑に「猫性がそこに顕在化している」と考えているのかもしれない。クワインが翻訳の不確定性の議論によって示唆するのは、このような可能性のうちどれが「正しい」かは一意的には定まらない、あるいはそもそも唯一の正解のようなものは存在しない、という可能性である。であるとすれば、深層モデルの判断根拠を説明しようとする「理解可能なAI (Explainable AI; XAI)」の試み（原、2018）も、同様に答えの無い探求ということになるだろう。

しかし仮にそうであったとしても、そうした探求を無用として片付けてしまうのは、赤子を産湯とともに流すような行いである。なんとなれば、存在論は、我々の他者理解の根底にあるからである。我々は全く存在論を共有しないもののふるまいを予測することができない。人間だけでなく、他の生物、例えば低空飛行で向かってくるカラスが次に何をするかを予測するのにも、そもそもカラスがどのようなモノを認識しているのかについての理解が不可欠である。同様に、自動運転技術に用いられる動体認識モデルがどのようなモノを存在として認めているのかがある程度知られない限り、我々はそれに自らの生命を預ける気にはならないだろう。そのような意味で、機械学習にまつわる存在論的問題は、哲学的関心を惹くだけでなく、その社会的応用にとっても重要な含意を持つのである。

三　統計学における認識論的問題

続いて、統計学における認識論的側面に少し目を向けてみたい。統計学と認識論の組み合わせは、それほど突飛なものとしては映らないであろう。実際、両者はともに、科学的仮説や信念を正当化するという共通の役割ないし動機を有している。古くはプラトンが『メノン』において示したように、知識とは単に正しい信念ではない。同様に、単に正しいと判明した仮説と科学的知識を同一視するわけにはいかない。科学的な知見とみなされるためには、仮説は然るべき方法で正当化されていなければならない。それゆえ多くの科学論文は「材料と方法（materials and methods、いわゆる「マテメソ」）」に一節を割き、当該論文で示された結果を正当化するための手段を明示するのである。

統計学は、この科学的知見の正当化プロセスのうち、特に得られたデータから結論を導くその過程において、特権的な役割を担っている。全ての科学的仮説は蓋然的であり、論理的必然性をもって結果を保証するものではない。したがって仮説に有利な結果が観察されたときでも、それが仮説によって想定されている事態とは全く関係なく単に偶然によって生じたという可能性を排除できない。そのような「まぐれ当たり」を排除し、観察や実験結果が真に仮説をサポートするものかどうかを判断するために、統計的方法が必要とされるのである。

では、そうした正当化はどのようになされるのであろうか。実のところ、統計学的方法論は一枚岩ではない。有名なところでは、仮説検定に代表される古典的統計理論や、ベイズ定理に根ざすベイズ統計など、様々な流派が存在している。それぞれの流派は、核とされる数理的方法論のみならず、どのような意味においてそうした数理論が経験的仮説の確証や反証になるのかという、いわばその正当化概念においても考え方を異にしている。前掲の拙著では、そうした違いが、ちょうど哲学的認識論における二つの対立的立場、すなわち内在主義と外在主義に対応すると論じた。以下ではそれをかいつまんで説明することで、統計学と認識論の間の並行関係を素描してみたい。

三・一　内在主義認識論としてのベイズ統計

ベイズ統計は、仮説の検証プロセスを、仮説の確率を証拠に基づいてアップデートしていく過程として捉える。[4]
ここで「仮説の確率」とは何かという意味論的問題は本稿では割愛するが、一般的には、ある認識者、例えば探求主体である科学者が当該仮説に対して持つ「信念の度合い」として解釈されることが多い。アップデートの手引に用いられるのが、ベイズの定理である。この定理は、証拠を得る前の仮説の確率（事前確率；prior probability）と、仮説を仮定したときの証拠の得られやすさ（尤度；likelihood）から、証拠を得た後の仮説の確率（事後確率；posterior probability）を導く。前二者が大きい仮説の方が事後確率が大きくなり、よって良く支持されるということになる。

実のところ、この事後確率の計算過程自体には帰納的なところは一つもない。むしろベイズ定理は確率論から帰結する数学的定理であり、それを用いた事後確率の計算はれっきとした演繹推論である。ではなぜ、そうした演繹推論によって経験的仮説を確証ないし反証できるのであろうか。

この背景にあるのが、ベイズ統計の認識論的な想定である。上の素描に従えば、ベイズ的な推論とは、事前確率と尤度という前提から、事後確率という結論をベイズ定理という推論規則によって導く過程であると捉えられる。つまりベイズ的正当化とは、仮説についての確率評価を手持ちの前提と証拠から整合的に導くことである。これは、一般に内在主義的（internalist）と言われる認識論的立場の正当化概念と類似している。内在主義によれば、主体の信念が正当化されるのは、当人がその信念の理由ないし証拠をしっかりと把握しており、そうした根拠から当該の信念が適切な推論過程を経て導かれるときだとされる（戸田山、2002）例えばもし私が「邪馬台国の都は九州にあったことを知っている」と主張するのだとしたら、何らかの証拠となる状況を私が把握しており、かつ私がその証拠から九州説を引き出すために用いた推論が適切であることが期待されるだろう。また逆に、適切な推論関係を有した根拠を有しているのであれば、主体の信念は正当化される、と内在主義者は考える。そうだとすれば同様に、科学者が適切な前提（事前確率および尤度）からベイズ推論という適切な推論規則を用いて仮説の事後確率を評価するとき、その評価（すなわち仮説がもっともらしいか、あるいはそうでないかという判断）は、内在主義的な意味で正当化されている、と考えることができるだろう。

ここですぐさま問題になるのは、ではそもそも適切な前提とは何か、ということである。例えば私が邪馬台国九州説の根拠として挙げるものがいかがわしいオカルト雑誌の記事だけだったとしたら、たとえその記事内容自体は九州説を示唆するものだったとしても、私の仮説は正当化されているとは到底言えないだろう。同様に、ベイズ推論によって事後確率を「正当化」しても、前提となる事前確率や尤度が適切でなかったとしたら、それは正真の正当化とは認められないだろう。

これに対しすぐ思いつく手立ては、推論の前提はそれ自体正当化されていなければない、という条件を付けることである。しかしこれはすぐさま正当化の遡行問題 (regress problem) を引き起こす。つまり、ある結論を正当化するためにはまずその前提を正当化せねばならず、そのためにはさらにその前提を……というように無限の正当化の過程が要請されることになってしまうのである。一部の内在主義者は、こうした遡行を防ぐために、それ以上の正当化を必要としない基礎的信念の存在を認めてきた。基礎的信念の候補としては、数学的真理やコギトなど、それ自体において十分明証であるような信念や、「私には今黒い点が見えている」といった直接知覚経験が挙げられてきた。前者はアプリオリ、後者はアポステリオリな方法だと言えよう。こうした基礎的信念によって遡行問題を防ごうとする立場は、基礎付け主義 (foundationalism) と呼ばれる。

ベイズ統計にも、似たような考え方が認められる。ベイズ推論の前提のうち、とりわけ問題視されてきたのは事前確率である。というのも、もう一方の尤度は前節で述べた統計モデル／確率種の想定であり、他の統計的手法でも一般的に要請されるものであるのに対し、事前確率はベイズ特有の前提だからである。よってこの事前確率をどのように正当化するかということは、ベイズ統計の正当性をめぐる議論においても焦眉の課題であった。

基礎付け主義的認識論において二種類の基礎的信念が見られたように、事前確率の正当化にも二つの戦略が考えられる。一つはアプリオリな戦略であり、いかなる仮説についての臆見も反映しないよう、全く無情報となるような仕方で事前確率を定めるものである。これを無情報事前分布と呼ぶ。もう一つの戦略はアポステリオリなものであり、何らかのデータがあったとき、このデータに合わせる形で事前確率を定めるものである。例えば、私がある疾患にかかっている確率はどれくらいであろうか。もしこれを無情報として（かかっているかかかっていないかはどうちらも二つに一つなのだから）0.5としてしまったら、検査結果から大いに誇張された決断を引き出すことになってしまうだろう。もしその疾患が稀であると分かっているのであれば、事前確率も相応の低さに設定するべきである。このように、経験的データに合わせて事前確率やモデルを設定する手法を、経験ベイズと呼ぶ。これは哲学的に見れば、何らかのデータをそれ以上来歴を問わない「所与（given）」とみなして、それを前提の根拠に据えるということにほかならない。これは一見まっとうに思えるが、しかしそもそも事前確率をデータに合わせるとはどういうことか、またなぜそのような手続きが正当化されるのか、ということを問い始めると、一筋縄ではいかない問題群に直面する。そしてそれは、認識論の文脈においてセラーズ（Sellars, 1997）が批判した「所与の神話」とちょうど同様の問題構造を持つのである。

三・二　外在的認識論としての古典統計

ベイズ統計では仮説の確率を考え、証拠に基づきそれをアップデートする。一方、古典統計においては、仮説の確率というものは考えない。仮説とは世界のあり方を示すものである限り、それは成り立っているか否かどちらかなのであり、その「度合い」のようなものを想定するのはナンセンスだと考えるのが古典統計の立場である。古典統計において確率が割り当てられるのはデータである。ある仮説を仮定したときに、どのような結果が得られやすいか。その仮定のもとであまりにもありそうにない、稀なデータが得られたとしたら、もともとの仮説に何かおかしいところがあるに違いない。そのように考えて仮説の成否を検証するのが、古典統計の要をなす仮説検定の考え方である。

これは一見したところ、ポパーの反証主義の考え方に似ている。反証主義においては、仮説Hからある予測Eが含意されるとき、その予測が失敗¬Eすれば仮説が反証されるとする。ただしこの推論が妥当であるためには、仮説HはEを完全に含意しなければならない。それがあくまで蓋然的にとどまる場合、¬Eは¬Hを含意しないし、またHの確率が低い、つまり$P(H|\neg E)$が低いということも導かれない（Sober, 2008）[5]。よって反証主義の考え方はそのままでは統計的仮説の検定として用いることができない。

統計的検定理論では、これを回避するために帰無仮説と対立仮説という、二つの相反する仮説を考える。例えば新薬開発において、新薬に効果がない（新薬を投与した群と対照群の間で差がない）という仮説を帰無仮説H_0、効果がある（二群に差が見られる）という仮説を対立仮説H_1としよう。このときデータに基づいて帰無仮説を棄却することができるか、というのが我々の関心である。常識的には、観測された差が大きいほど、H_0を退ける根拠になりそうである。しかし結果は蓋然的であるので、こうした判断には常に間違いの可能性がつきまとう。一つは、実際には効果がない（H_0が真である）のに効果があると誤って判断してしまう（H_0を棄却してしまう）第一種の誤り（type I error）であり、もう一つは実際に効果がある（H_1が真である）のにも関わらず効果無しと判定してしまう（H_0を棄却できない）第二種の誤り（type II error）である。検定の要は、この二つの誤りの確率をできるだけ下げるように判断基準を設定することにある。特に第一種の誤りを犯す確率は有意水準（significance level）と呼ばれ、これを低く（例えば5％等）抑えることが重要視される。これはすなわち、偶然に帰無仮説H_0を棄却してしまうことをなるべく防ぐということである。よってそうした検定を用いてもなお帰無仮説が棄却されるとしたら、それは偶然ではない確率が高く、その結果も信頼できるとみなせるだろう。こうした考え方により、検定理論は仮説の棄却という判断を正当化するのである。

しかしながら、こうした手続はどのような意味で「この薬には効果がある」という仮説を正当化するのだろうか。古典統計の正当化の根拠は、仮説判定装置としての検定の信頼性に求められる。検定とは、つまるところデータを入力したときに結論（帰無仮説の棄却／非棄却）を返す装置（関数）として考えられる。この装置は、一定の偽陽性（第一種の誤り）率と偽陰性（第二種の誤り）率を持つ。その中でも、両誤り率が低い検定装置は、偽陽性率と偽陰性率が低い医療検査器具が信頼に足ると我々が考えるように、高い信頼性を持っていると言えるだろう。そして古典統計においては、こうした信頼性が高い検定によって得られた結論が、正当化されるのであった。これは認識論においては、外在主義、とりわけ信頼性主義（reliabilism）と呼ばれる立場に呼応する（Goldman & Beddor, 2016; 戸田山、2002）。外在主義は、内在主義とは異なり、認識主体はその根拠や用いた推論規則をすべて内に有していなければならない、という要件を課さない。主体がたとえ根拠の正当性について無知であったとしても、実際問題としてその根拠が正当なのであれば、それをもって正当化は成立する、と考えるのである。ところで検定は、認識主体たる科学者がその推論において用いる主要な根拠の一つであろう。そして古典統計理論は、その手続きが実際のところどの程度信頼できるのかということを、二つの誤り確率という形で評価する。そしてその誤り確率が低い、つまり信頼性が高いとき、それを用いて得られた結論は、外在主義的な意味で正当化されていると言いうるのである。

　検定理論のこうした外在主義的な正当化概念を、我々はどう評価すべきだろうか。外在主義に対して向けられる懸念は、認識主体がその結論に対し無責任に過ぎないか、ということである。つまり根拠を外界に「丸投げ」してしまうことによって、外在主義者はその結論が実際に正しいものであるのかについての責任も放棄してしまっているのではないか。これと同様の批判が、近年、検定理論に対しても向けられている。検定理論は20世紀以来、科学的推論の標準的方法としての地位を保ってきた。その過程において手続きは規格化・パッケージ化され、現在ではデータを入力するだけで簡単に仮説検定を行えるようなソフトも一般化されている。また科学コミュニティにおいても、そうした検定において一定の基準を満たした（「p値が低い」）結論は正しいものとして、無批判的に学術誌に掲載され、受け入れられてきた。しかしこうした検定プロセスの無批判的な使用は、誤用や誤った解釈を生み、結果として再現性の無い研究結果が量産されることにつながったという懸念が指摘されている。こうした「p値問題」および「再現性の危機」は近年科学コミュニティの間でも大きな問題となっており、アメリカ統計学会も検定の使用についての注意喚起を行うなど（Wasserstein & Lazar, 2016）、長らく科学的推論においてヘゲモニーを握ってきた古典統計理論自体の信頼性を問い直す動きが広まっている。

哲学的観点からは、こうした懸念は古典統計の外在的性格に起因するものだと捉えることができる。前述のように、検定理論による正当化は判断に用いられる検定の信頼性に起因する。古典統計理論はこの信頼性を確率的に見積もるのだが、その見積もりは空から降ってくるわけではなく、様々な前提に基づいている。そうした前提には、「確率種」（二・二節）として統計モデルの想定や、実験結果の正しい取り扱いなどが含まれる。もしこれらの前提が成り立っていなければ、当然、そこから導かれる信頼性の見積もりも机上の空論でしかない。しかしながら、単に得られたデータを統計ソフトに入力して結論を導くような「推論過程」では、こうした前提はすべて外的なものとして扱われ、批判的な検討を免れてしまう。上述の再現性問題の一端は、このような前提の吟味を外部に押し付け、あるいは有耶無耶にするような無責任な検定の使用に求められるだろう。これが示唆するのは、統計的検定の使用は、それによって正しい判断に至るためには（つまりその正当化概念が真理促進的truth-conduciveであるためには）、その前提について完全に外的であってはならないということだ。そしてこれは、外在主義に対して向けられる批判と軌を一にしている。つまり仮に正当化の源泉が認識／検定プロセスの信頼性にあるとしても、我々はそれを完全に外的なものとして吟味の対象から外してしまうことはできないのである。

三・三　認識論と統計学

以上、我々は現代統計学における主要な立場であるベイズ統計と古典統計を、認識論的内在主義と外在主義という観点から分析してきた。そこで明らかになったのは、正当化概念、すなわち仮説を科学的知見として受けいれるためにはどのような手続きを踏むべきかということに関する、両者の見解の相違である。20世紀において繰り広げられてきた両者の間の激しい論争の一部は、こうした哲学的相違に起因している。確かに、20世紀後半からのよりプラグマティックな統計手法（二・三節）の興隆および現代の機械学習（二・四節）の発展により、近年ではこうした議論は徐々に下火になりつつあり、またその意義も見えにくくなっている。しかしだからといって、それを現在の立場から時代遅れのドグマとして一方的に断罪するのはホイッグ史観の誹りを免れないだろう。今日に至る統計学の源流を築き、またその流れを発展させてきた議論の内実を理解し、公正に評価するためにも、その背景に控える哲学的前提に留意することが重要なのである。

またそもそもこうした哲学的議論は、現代統計学においてその意義が失われたわけでは決してない。確かに、数学的理論としての現代統計学は、20世紀から飛躍的な進歩を遂げてきた。しかし統計学は、単に数学の内に閉じるわけではない。なぜ演繹的体系である数理統計学が、現実の対象に適用され、未知の事柄について推論する手引きを与えてくれるのか。数学自体はこうした哲学的問いに答えを与えてくれない以上、そこには「泥臭い」哲学的思索や前提がどうしても必要になってくるのである。もし統計学がこの哲学的前提への反省を放棄するとしたら、それこそ一つのドグマを盲信する愚を犯すことになろう。

そうした反省の必要性は、数学的に高度に発展した現代統計学において、少なくなるどころか、より一層増しているように思える。例えば、二・四節で紹介した機械学習理論の急速な発展は、伝統的統計学のそれとは異なる、新しい正当化概念を要請する。我々はいかにして、我々の知性では到底把握しきれない複雑さを持つ機械が大量のデータを用いて生成する結論を、「正当化」されたものとして扱うことができるのだろうか。またそのような結論を土台にして科学が作られるとき、我々の科学観はどのように変化していくのだろうか。これらは認識的問題であるが、今後機械学習技術が社会に応用されていくにつれ、法的・倫理的な問題も不可避的に伴う。例えば現在、医薬品が承認されるためには統計的検定の実施が義務付けられているが、これは承認の正当性が（一部的にせよ）前節で紹介した統計的検定の正当化概念に基礎づけられているということを意味している。このように、統計的正当化は我々の社会における様々な正当化、この場合では法的正当化に浸透している。であるとすれば、今後の統計的手法の発展に伴い、その正当化概念を反省していくことは、その社会的応用にとっても重要な含意を持つだろう。例えば自動運転技術が認められるべきかどうかは、自動運転システムの判断がどの程度正当化されているかによる。ではそれはどのような正当化なのだろうか。単にシミュレーションの成績などといった外在的なもので良いのか、あるいはシステムの判断根拠についてのより立ち入った、内在的な正当化が必要なのか。機械学習技術が市民生活に真に受け入れられ、また我々がそれを（単に押し付けられるのではなく）正しく用いるためにも、こうした認識論的考察を避けて通ることはできないのである。

また逆に、統計学の認識論的側面を学ぶことは、哲学的関心にとっても有益な視座をもたらすだろう。そもそも認識論とは、「知識《エピステーメー》とは何か、我々はそれをどう獲得するか」というプラトン以来の関心に根ざす。だとすれば、現代において知識の代表格とされている科学、そしてその主要な方法論である統計学を無視することはできないはずである。実際のところ、上で述べてきたように、種々の統計学的手法は哲学的認識論のモデルとして機能しうる。こうしたモデルの役割は（およそあらゆる科学的モデルに共通するように）、哲学理論の精巧なレプリカを科学的方法論の文脈に見出すことにあるのではない。むしろそれを適度に捨象・抽象化して定式化すること、そしてまた現実への適用を通じてそうした考え方の問題点を探り、洗練していくことにこそ、モデルの意義がある。認識論が現実社会を営む人間の知の解明であらんとする限り、哲学者の直観に根ざしたアプリオリな議論に閉じるのではなく、今日の社会において実際に知識を生み出している科学的方法論に照らし合わせて理論を洗練させていく試みは、有益かつ必要不可欠なことだと筆者は信じる。

これは決して、クワイン（Quine, 1969）が示唆したような認識論の科学への還元を意味するわけではない。そもそも、そのように哲学と科学を分けて考えること自体が恣意的区分であるように思われる。古代ギリシアを見ても、近世ヨーロッパを見ても、すでに哲学の内には科学的な部分があり、科学の内には哲学的な部分がある。それは「科学」という名称が独り立ちし、高度に分業化が進んだ現代においても同様である。そうだとすれば、哲学者は、哲学における科学的部分、および科学における哲学的部分の双方に目を向けるべきであろう。本稿で示そうとしたように、メタ科学的な方法論としての統計学は、そうした横断的思索にとっての沃野を提供するのである。

四　結び

以上本稿では、統計学と哲学の間の関連性を、主にその存在論的および認識論的側面に的を絞り、足早に論じてきた。ここで紹介した話題はほんの一部であり、例えば意味論的側面や、また因果推論のように哲学者にとっても馴染みの深い問題に対する統計学的手法については紙幅の都合上割愛した。それらの話題、また上で扱った議論のより詳細な内容については、前掲書を参照されたい。また言うまでもなく、そこで扱えた議論とて、統計学という巨大な氷山のほんの一角でしかない。21世紀に入り、計算機科学との融合という新たな局面を迎え急速に発展する統計学の哲学的含意の解明は、まだほとんど手つかずと言って良いだろう。また比較対象として取り上げた哲学的手法も主に英米系分析・科学哲学に限られたが、ここにもまた、歴史的、法哲学的、倫理学的観点、あるいは「ポストモダン」的手法など、さまざまな切り口がありうることだろう。こうした多様な可能性を含め、今後、哲学と統計学の間のより実り多き分析がなされることを期待しつつ、本稿の結びとしたい。

参照文献

Akaike, H. (1974) A new look at the statistical model identification. *IEEE Transactions on Automatic Control, 19*(6), 716–723.

Childers, T. (2013) *Philosophy and Probability*. Oxford University Press.（宮部賢志監訳（2020）確率と哲学』九夏社）

Dennett, D. C. (1991) Real Patterns. *The Journal of Philosophy, 88*(1), 27–51.

Gillies, D. (2000) *Philosophical Theories of Probability*. Routledge.（中山智香子訳（2004）『確率の哲学理論』日本経済評論社）

Goldman, A., & Beddor, B. (2016) Reliabilist Epistemology. In E. N. Zalta (Ed.), *The Stanford Encyclopedia of Philosophy* (Winter 2016). Metaphysics Research Lab, Stanford University. https://plato.stanford.edu/archives/win2016/entries/reliabilism/

Hume, D. (1739) *A Treatise on Human Nature*.（木曽好能訳（1995）『人間本性論 第1巻：知性について』法政大学出版局）

Quine, W. V. O. (1960) *Word and Object*. The MIT Press.（大出晁・宮館恵訳（1984）『ことばと対象』勁草書房）

Quine, W. V. O. (1969) Epistemology Naturalized. In *Ontological Relativity and Other Essays* (pp. 69–90) Columbia University Press.

Rowbottom, D. P. (2015) *Probability*. Polity Press.（佐竹祐介（2019）『現代哲学のキーコンセプト:確率』岩波書店）

Sellars, W. (1997) *Empiricism and the Philosophy of Mind* (Robert Brandom (ed.)). Harvard University Press.（神野慧一郎・土屋純一・中才敏郎抄訳（2006）『経験論と心の哲学』勁草書房）

Sober, E. (2008) Evidence and Evolution. *Cambridge University Press*.（松王政浩抄訳（2012）『科学と証拠―統計学の哲学入門―』名古屋大学出版会）

Wasserstein, R. L., & Lazar, N. A. (2016) The ASA's Statement on p-Values: Context, Process, and Purpose. *The American Statistician, 70*(2), 129 133.

Xiao, K., Engstrom, L., Ilyas, A., & Madry, A. (2020) Noise or Signal: The Role of Image Backgrounds in Object Recognition. In *arXiv [cs.CV]*. arXiv. http://arxiv.org/abs/2006.09994

赤池弘次（1980）「統計的推論のパラダイムの変遷について」。『統計数理研究所所報』、27(1).
赤池弘次、甘利俊一、北川源四郎、樺島祥介、下平英寿（2007）『赤池情報量規準 AIC―モデリング・予測・知識発見』。共立出版。
飯田　隆（2016）『規則と意味のパラドックス』。筑摩書房。
上枝美典（2020）『現代認識論入門―ゲティア問題から徳認識論まで―』勁草書房。
大塚　淳（2020）『統計学を哲学する』。名古屋大学出版会。
大出　晁（1977）「確率と統計の周辺」。『理想』、528, 173–198.
田口　茂、大塚　淳、西郷甲矢人（2020）「現象学的明証論と統計学―経験の基本的構造を求めて―」。『哲学論叢』、47, 20–34.
出口康夫（1998）「統計学から見たクワインの科学論」。『アルケー』6, 60–70.
戸田山和久（2002）『知識の哲学』。産業図書。
原　聡（2018）「機械学習における解釈性（Interpretability in Machine Learning）」。人工知能学会。
https://www.ai-gakkai.or.jp/my-bookmark_vol33-no3/
林知己夫（1960）「統計的方法の基礎について」。『科学基礎論研究』、5(1), 1–16。

註

（1）もちろん、そうした研究は皆無であるわけではない。例えば（林、1960; 大出、1977; 赤池、1980; 出口、1998; 田口ほか、2020）などを参照。

（2）大塚（2020）、『統計学を哲学する』名古屋大学出版会。

（3）正確を期すならば、さらにどのような部分集合が「事象」として認められるべきかを定める代数的構造（シグマ代数）が必要なのだが、ここでは割愛する。

（4）詳しくは拙著二章一節、ないし（Childers, 2013; Gillies、2000; Rowbottom、2015）などを参照。

（5）前述のように古典統計では「仮説の確率」というものを考えないので、これはあくまでベイズ的な立場で考えた話である。ただいずれにせよ、予測の失敗のみから蓋然的仮説の成否を論理的に導くことはできない。

（筆者　おおつか・じゅん　京都大学大学院文学研究科准教授／哲学）

背景化する隠喩と隠喩使用の背景

——ブルーメンベルクをめぐるひとつの哲学的問題系——

下田和宣

はじめに　遺稿研究・伝記研究の進展とこれからの課題

本研究は二〇世紀ドイツの思想家ハンス・ブルーメンベルク（Hans Blumenberg, 1920-1996）の諸著作を分析し、「背景」という観点からそれらに通底する思想を明らかにする。ブルーメンベルクの思想がはたして伝統的な「哲学」の名に値するものであるか、彼自身がそもそも「哲学者」として分類されることを望んでいたのかという問題はどこまでも残るが、本研究の作業は「背景」に関連する問題系の筋道をひとつ明確にすることで、その思想に取り組む哲学的意義を積極的に提示しようとする試みである。(1)

ブルーメンベルクの思想的核心がどこにあるか、という問いは最近の研究状況を概観するかぎりもはや放棄されてしまったかのようである。たしかにブルーメンベルク自身、「隠喩学」、「非概念性の理論」あるいは「歴史の現象学」などといった枠組みによって自身の研究プロジェクトをラベリングして提示してこなかったわけではない。しかしながらそれでも、それらのどれも彼の仕事全体をカバーする適切な概観を与えるものではないのではないか。この疑いはとりわけ最近の遺稿研究の充実と、それに根ざしたいくつかの伝記研究の刊行によって広く確信へと変わりつつある。(2)

かつては例えばシュテルガーのように、[3] 初期の隠喩学から後期の生活世界論へという大きな発展史の見取り図を描くこともできた。また、二〇〇〇年代以降はブルーメンベルクの「人間学」が彼の多彩なテーマを持つ著作を統一的に読み解く鍵として期待されてきた。遺稿『人間の記述』(*Beschreibung des Menschen*, 2006) およびオリバー・ミュラー[4]に代表される研究の公刊によって、二〇世紀ドイツにおける「哲学的人間学」の議論を照らし合わせることで「ブルーメンベルク哲学」を確認することが流行となっている。しかし初期論集 (SL) の出版やフラッシュの初期研究[5]によって若きブルーメンベルクが「人間学」に回収されない多様な問題系を相手取るように思考していたこと、むしろそれらの初期における取り組みが後年の著述に反映していることが改めて提示された。そこから果してブルーメンベルクの思考を「人間学」として一元的に理解すべきかどうかが問われることになる。

二〇二〇年に出版されたふたつの伝記研究は、読み方によっては対極的である。ゴルトシュタイン[6]はその生涯に沿い、そのつどの問題を哲学的に掘り下げることで、ブルーメンベルクの「哲学的ポートレート」を描き出そうとする。それによって明らかになるのはブルーメンベルク的思考の基軸としての「離散的人間学」(die diskrete **Anthropologie**) である。[7] 人間とは何かという問いに収斂する古典的人間学とは異なり、ブルーメンベルクは直接自己を表すことのない「隠喩的」ないし「迂回的」存在者としての人間理解のもとで、思考を拡散させつつ人間存在を浮上させようとしているのだ、とゴルトシュタインは見る。

独自の鋳直しを含みつつもいまだ「人間学」という枠組みを手放すことのないゴルトシュタインに対して、ツィル[8]はそうした既存の枠組みにあてはめることを積極的に断念する。「絶対的読者」というその伝記研究のタイトルが示唆しているように、ブルーメンベルクの本領はそのときどきのさまざまな哲学的問題を彼が引き受け、読み込むという一見して受動的な作業に見出されるべきであるという。独自の積極的な「ブルーメンベルク哲学」を探し、安易なパッケージ化を求めているあいだは、ブルーメンベルクを真の意味で読むことはできないのではないか。このように、非常に広範かつ多量な資料を引き合いに出すことで、ツィルはブルーメンベルクの読者に対して根本的な問いを投げかけている。

マールバッハのアルヒーフに自ら潜り遺稿の山と格闘しつつ、これまで知られていなかった多くの資料源泉を引用することで提示されたツィルの議論には相当な説得力があり、ブルーメンベルク研究のひとつの重要な到達点であることに疑いはない。だからこそなおさら、ここには新しい問題が生まれてこざるをえない。私たちは「ブルーメンベルク哲学」を求めずに、あるいは何らかの期待を持たずに、それでもなおブルーメンベルクを読むことはできるのだろうか。伝記研究という性格からして、ツィルはその問いに対して積極的な解答を試みているわけではない。彼の研究の大きな意義はむしろ、ブルーメンベルクをありていのレッテルから解放し、新たな読解の可能性をオープンにしたところに認められるだろう。だとすればなおさら、そこから先が問題となる。

本研究は、ブルーメンベルクへの新たな研究アプローチとして、「隠喩学」や「人間学」といったブルーメンベルクがそのつど提示する主題にこだわるのではなく、むしろそれらのさまざまな主題的考察を根底で支えており、かつその考察のもとで同時に練り上げられていく問題群の存在について明らかにすることにしたい。それらの諸問題はけっして目立つものではない。それでも、表向きのプレゼンテーションにとらわれることがなければ、叙述を貫く考察の底流を掘り当てることはできるのである。(9)

ブルーメンベルクの思考を哲学的な観点から性格づけている問題群は、けっしてひとつではない。とはいえここではひとまず、「背景」およびそれに類する事柄の考察に的を絞り、検討を行うことにしたい。まず、五〇年代後半で立ち上げられた「隠喩学」プロジェクトにおける「背景」問題の所在を見る。とくに注目すべきなのは、モデル化を行う隠喩使用が思考の背景となるという「背景隠喩法」と呼ばれる現象に関する議論である。確認するように、初期隠喩学では「背景隠喩法」の問題は際立った位置を与えられていない。それがとくに(皮肉な言い方であるが）前面化するのは、隠喩学の議論が後に人間学や生活世界論と合流するかたちで拡大し、ブルーメンベルク自身によって「非概念性の理論」という枠組みが提示される頃である。

本研究では、ブルーメンベルクのこれらの形成史的発展を、「背景」問題の深化として捉えてみたい。そうすることで、晩年に特有の議論展開も、その流れから切り離さずに読み通すことが可能となるだろう。そこから改めてブルーメンベルク特有の思考が向かう先について考えてみたい。すくなくとも本論文はそのための準備作業を提供するはずである。

思考や情念の「背景」にあってそれらを駆り立てているもの。あらかじめ言えばそれこそ、ブルーメンベルクのひとつの根本テーマだと考えられる。とはいえ彼が試みるのはいかなる意味での形而上学でも超越論でもない。だとすればそもそも「背景」へとアプローチするとはどのようなことだろうか。「背景」を前景化することはその背景性を剥奪することでしかないのではないか。ブルーメンベルクはこの問題に対して別の方法を要求し、それを錬成させていくのであるが、その先にどのような思考が結実するのかを明らかにするためにも、まずは「背景」が彼にとっていかなる問題であったのかが理解されなければならない。

第一章　概念形成の現場へ――概念史研究の「補助手段」としての隠喩学

第一節　隠喩学の形成

この章では、一九五〇年代後半に「隠喩学」（Metaphorologie）として立ち上げられるブルーメンベルクのプロジェクトを概観し、そこで「背景」という問題がどのように扱われているかを確認する。隠喩に対するブルーメンベルクの着目が、その思想形成のどの時点まで遡れるかははっきりと確定できない。それでもたとえば、彼が博士論文（一九四七年）と教授資格申請論文（一九五〇年）を仕上げた後で発表した、「絶対的な父」（一九五二年）というタイトルの新聞記事には後につながるような着想がすでに見られる。カフカが父親に宛てた書簡を頼りに、ブルーメンベルクはそこで「父」という言葉が「現実の父より以上のことを「意味」しうる」(SL 107) こと、すなわち「父なる神」を含意しうることを述べている。(10)

以下では初期の隠喩学の展開として、論文「真理の隠喩としての光」(一九五七年)、講演「隠喩学のためのテーゼ」(一九五八年)、そしてプログラム的な著作として発表された『隠喩学のためのパラダイム』(一九六〇年)を扱う。これらの資料を読解するにあたりまず注意しておかなければならないのは、ブルーメンベルクの「隠喩学」に対して、スタンダードな言語学的隠喩論や、斬新で深い哲学的隠喩解釈を期待してはならない、ということである。「真理の隠喩としての光」というタイトルを持つからと言って、真理の隠喩は光であると彼が主張しているわけではない。ブルーメンベルクは隠喩現象そのものに対する直接的な理論的考察を行う代わりに、哲学や科学の分野に見られる隠喩使用を歴史的に記述していくのである。だとしても着眼点の独自性ゆえに、そこから即座にブルーメンベルクを文献学に忠実な歴史家として読むことにも躊躇いが生じる。そもそも隠喩史を再構築することで彼は何をなそうとしているのだろうか。この点はブルーメンベルクの基本的な思考スタイルを理解するポイントのひとつなので、詳細に検討していくことにしたい。

論文「真理の隠喩としての光」(Licht als Metapher der Wahrheit) はその副題として「哲学的概念形成の前領域における」(Im Vorfeld der philosophischen Begriffsbildung) と付けられている。そこからすでに、あるいはまた論文の冒頭で開陳されている問題意識からも窺い知ることができるように、ブルーメンベルクはさしあたりここで隠喩の場所を「概念」ないし「概念論」(術語論、Terminologie) との関係へと位置づけている。その問題設定によれば、昨今ではさまざまな哲学的概念が濫立しており、混乱が見られる。そこでまず哲学的概念とは何かを吟味しその境界画定がなされなければならない。ただその際に、内在的な概念分析だけではなく、非概念的・前概念的領域をも含み込んだ概念の形成が問題にされなければならない。その形成には「神話的諸変容の広大な領域、多様な形態を持つ隠喩使用に沈み込んでいる形而上学的推測の領野」(LM 139) が関わっている。概念的思考の形成に関わることの「前領域」(Vorfeld) を対象とするという意味で、ブルーメンベルクがここで構想する隠喩論は、「哲学的「隠喩学」」(LM 139f.) と呼ばれる。

ブルーメンベルクの仕事は、ここでは真理の概念的把握を可能にしているものとして、真理に関して使用された隠喩を主題化し、真理がとりわけ「光」表象といかにして結びつくのか、あるいはどのような条件のもとで後者が前者を転義的に指示しうるのかを探るものである。(ブルーメンベルク的) 隠喩学者にとって、真理と光が結びつくという事態、およびそこで起こっているはずの出来事はまったく自明なことではない。真理が光と結びつかないこともありうるし、後で改めて言及するが『隠喩学のためのパラダイム』で詳述されているように、真理はそのほかにもさまざまな隠喩をそのつど別様な仕方で引き寄せるからであり、真理が光ではないことすら積極的な可能性としてありうるからである。

隠喩の使用者は自身の使用する隠喩に対して明確な概念的自覚を持っているとは限らない。「真理は光である」という隠喩使用に対して違和感を覚えることがなくても、真理がなぜ光であるのかを語ることは反省的であり、事後的である。それゆえ自身に馴染みのある隠喩を観察するだけでは、隠喩使用が概念形成に対して持つ潜勢力は明らかにならないのである。それゆえ隠喩使用の機能を考察する方法は規範的ではなく記述的であらざるをえない。つまり歴史的に出現した諸言説をひとつひとつたどりながら、そのつどの隠喩使用が概念把握の可能性と不可能性の条件として機能するさまを取り出して考察するほかないのである。ブルーメンベルクによる隠喩学的思考のスタイルはひとまずこのように整理できよう。

第二節　概念史と隠喩学——五〇年代後半の布置状況

概念形成の現場における隠喩使用の機能という主題設定は、ひとつの時代的なコンテクストを持つ。論文「真理の隠喩としての光」公刊の翌年、すなわち一九五八年に、ブルーメンベルクはドイツ研究振興協会（Deutsche Forschungsgemeinschaft, DFG）[11]による研究助成のもとで設立された概念史部会（Senatskommission für Begriffsgeschichte）において講演を行うことになる。概念史研究に関するこの制度的組織についてはクランツによる報告[12]があるので、それを頼りにブルーメンベルク隠喩学の出発に関わる当時の学問的布置状況を整理してみよう。

一九五〇年代当時の「概念史」（Begriffsgeschichte、概念史研究）という研究分野は、エーリヒ・ロータッカー、ハンス＝ゲオルク・ガダマー、そしてヨハヒム・リッターの名前ととりわけ結びついているものである。もっとも熱心にドイツ研究振興協会へと支援要請を働きかけたのが、このなかでは最年長であるロータッカー（Erich Rothacker, 1888–1965）であった。彼の主導のもと、自然科学との競合の中で、歴史学分野・文献学分野と哲学分野との共同研究が模索されていった。国家から研究助成を得るにはそのようなかたちで実証性を担保することが不可欠であるという考えもロッターカーによる組織化の動機的背景としてあったようである。部会が組織した研究大会は一九五八年から一九六六年まで計七回催されるに留まったが、概念史研究の成果は後にリッター（Joachim Ritter, 1903–1974）によって主導的に編集された『哲学の歴史的辞典』[13]や、コゼレク（Reinhart Koselleck, 1923–2006）らの『歴史的根本概念』[14]といった一大事業として結実し、雑誌『概念史アーカイブ』（*Archiv für Begriffsgeschichte*）上に今日に至るまで発表され続けている。また部会の後継として共同研究グループ「詩学と解釈学」（Poetik und Hermeneutik）がブルーメンベルク、ヤウス、イーザーらを中心に立ち上げられ、関連する諸問題が引き続き討論されていった。[15]

概念史部会にとって、理論的には「哲学としての概念史」（一九七〇年）や「概念史と哲学の言語」（一九七一年）

を書くことになるガダマー（Hans-Georg Gadamer, 1900-2002）の影響が著しく、研究会はさながら「ガダマー祭り」（Kranz, a.a.O., 163ff.）の様相を呈していたという。彼から第一回の研究会での講演を頼まれたブルーメンベルクは、当初あまり乗り気ではなかったとのことである。(16) ブルーメンベルクによる講演は彼自身の隠喩学に関連するものであった。論文「真理の隠喩としての光」の問題を引き継いでそれをよりプログラム的に整理し直すものであり、「概念史」を直接的に論じるものではなかったのである。

にもかかわらず、クランツが言うように、ブルーメンベルクの隠喩学講演は「概念史研究という仕事のプログラムのための基本となる水準を提示」（Kranz, a.a.O., S.166）するものであった。先に示したように、隠喩学は純粋な修辞理論ではなく、まずもって概念形成の「前領域」として隠喩を扱うものであった。すなわち哲学の実証学としての概念史という研究プロジェクトの境界あるいはその成立可能性を隠喩使用の問題として主題化することによって、概念史研究の根底にある問題性を可視化するものだったのである。

第三節　概念論ないし概念史研究の基礎としての隠喩学

「隠喩学のためのテーゼ」（Thesen zu einer Metaphorologie）と題されたブルーメンベルクの講演は、一九五八年五月の概念史部会第一回研究会で行われた。(17) クランツの報告には七つの観点から簡潔にまとめられたテーゼが掲載されている（Kranz, a.a. O., S. 186-189, TM）。それから二年後に公刊される著書『隠喩学のためのパラダイム』と同じ性格を持つため、重なる議論は多いが、この講演にはブルーメンベルク隠喩学の全体像が明瞭かつ簡潔に提示されているため、ここでとくに取り上げることにしたい。

講演のテーゼは隠喩学構想に関わる次の七つの要点からなる。

I．すべての事象が明晰判明に定義されているということが、哲学の求める理想的状態であろう。そのように仮定するなら、概念の歴史的展開はあくまでそれに至るまでの中間段階として把握されるに留まる。その場合、歴史研究は哲学に対して本質的な意味を持ちえない。ちなみにこのような歴史の意義を弱める立場について言及する場合、ブルーメンベルクの念頭にあるのはつねにデカルトである。

中途段階としていわば道半ばにあるものとして規定されるものは、哲学的な観点から二次化させられてしまう。このような問題意識は主題的に見れば歴史をどのように理解するかということに関わるものでありながら、概念的明証性には至らない転義的な語りとしての隠喩の問題を示唆するものでもある。

Ⅱ．明証性を持たない転義的な語りが哲学的言語として積極的に認められるためにはどのような場合が想定されうるか。例えば隠喩を概念の「残余」として捉えるなら、隠喩を使用することは結局「ミュートスからロゴスへ」の途上に位置づけられる非本来的な語りでしかなくなる。たしかに、概念的思考の反省的な自己確定の一助となりうるという点で、そのようなものを研究することにも一定の役割を認めることはできるかもしれない。それはしかしどこまでも哲学的に二次的なものに留まらざるをえない。

ブルーメンベルクの主張はむしろ、隠喩を「哲学的言語の克服されざる根本要素」として見ることの可能性にかけられている。彼の観察によれば、ある種の隠喩使用は概念的明証へと還元することのできない頑なさを持つ。「転義の領域から〈連れ戻すことのできないもの〉」として現れ、「概念へと解消されえない言明機能を持つ」いくつかの隠喩を、ブルーメンベルクはここで「絶対的隠喩」（*absolute* Metaphern）と呼んでいる（TM 187）。[18] 概念の明晰判明へと還元されることなく「隔絶（ab-solut）」されたあり方を持つ隠喩の存在は、デカルト的理想に対して根本的な疑念を突きつけるものである。それゆえそのような意味での絶対的な隠喩があるのであれば、それを発見・確定し分析することは「概念史の本質的な部門」となりうるのである。

ブルーメンベルクは絶対的隠喩が可能化する言説領域をまず画定する作業を「隠喩学的パラダイム論」（die metaphorologische *Paradigmatik*) と呼んでいる。そこからさらに「隠喩史の課題」と「隠喩学的体系論」(die metaphorologische *Systematik*) の可能性についての問いが現れるだろうとされる。ここで言及されている「隠喩学的パラダイム論」は後の著作である『隠喩学のためのパラダイム』を予告するものであるが、いずれにしても、ブルーメンベルク隠喩学が「パラダイム論」と「体系論」の二段構えでまずは構想されていたということをさしあたり確認しておきたい。

第四節　概念の基底層としての絶対的隠喩

Ⅲ・「絶対的隠喩」について説明がさらに続けられる。「あますところなく論理化することができない、あるいはまったくできない」「絶対的隠喩」は、ただ概念的言明との関係においてのみ絶対的」なのであり、それは他の隠喩によって置き換えられることがない、ということを意味しない。むしろ隠喩が概念に還元されることなく別の隠喩へと置き換えられ修正される特定の「遊動空間」(Spielraum、余地) が問題なのである。その歴史的なダイナミズムを追跡することが「隠喩学的体系論」の課題だとここではされている。

では、隠喩学に取り組むことは哲学にとって、あるいは概念史研究にとってどのような寄与となるのだろうか。それについてブルーメンベルクは次のように示唆している。

> 隠喩は歴史を持つ、しかも概念よりもラディカルな意味で。隠喩の歴史的変容は、歴史的な視覚方式、究極的な根拠づけ、意味地平そのもののメタ的な推移系列の層 (Metakinetik geschichtlicher Sichtweisen, Letztbegründungen, Sinnhorizonte selbst) を前景へともたらす。そのラディカルさを踏まえればそれはもはや比較の図式に――ここでは概念論的な明晰判明の進歩という図式に――還元されえない。つまり歴史的隠喩学における

本来的なテーマとは歴史そのものの歴史性（die Geschichtlichkeit der Geschichte selbst）なのである。方法的に見れば、隠喩学は狭義の「概念論」（Terminologie、術語論）としての概念史に寄与しうるだろう。（TM ebenda.）[19]

ブルーメンベルク隠喩学の核心に関わるいくつかのアイデアが端的にまとめられている箇所である。まず、隠喩には概念よりも根底的・根元的な（radikal）意味で歴史がある、とされている。この確信は「真理の隠喩としての光」においても表明されていたように、概念の「前領域」としての隠喩使用が持つ概念形成の機能を踏まえることで主張されている。絶対的隠喩は概念化されざる次元において歴史的展開を持つのであり、その展開が歴史の各局面に属する概念的思考の可能性を用意するのであって、逆ではない。隠喩史固有の力学に注意を払うのであれば、概念の変化変容はもはやそれ自体の自己発展過程として見なしえないのである。こうした基本的理解から、「隠喩の歴史的変容」を追跡することではじめて、「歴史的な視覚方式、究極的な根拠づけ、意味地平そのもののメタ的な推移系列の層」が明らかになるとされる。この基層に注意を払わず思考や概念の歴史を記述することは、結局のところ表面的な作業に留まる。それに対して、隠喩使用の歴史的現象を主題化することは、むしろ概念史のメタ運動を開示する。[20]ブルーメンベルクによれば、それこそ「歴史の歴史性」をなすものにほかならない。

このように、絶対的隠喩に対して歴史哲学的考察を絡ませることで、ブルーメンベルクは自身の隠喩学を概念史あるいは概念論と関係づけている。隠喩学と概念論の関係についてここでは遠慮して「寄与」と言っているが、ブルーメンベルクの野心はより大胆であり、かつ実証的な概念史研究に対する根本的な不信感を含むものである。すなわち、ブルーメンベルクはここで、明晰判明に定義された概念、あるいは概念論を基礎とする伝統的な哲学的立場から離れ、隠喩の問題を逆に基盤とすることで哲学研究に関わる位階構造そのものを逆転させようとしているのである。いまや歴史の歴史性を明らかにしうる隠喩学が、概念論ないし概念史研究を基礎づけるべきなのである。

第五節　答えることのできない問いに対する答えとしての隠喩

Ⅳ．続く第四テーゼは隠喩学的分析のあり方に関わっている。絶対的隠喩の絶対性は明晰判明な概念性に還元できないという点に求められることが先に述べられた。したがって隠喩学の課題は絶対的隠喩の「意味」を概念把握することではありえない。概念化の作業によって歴史の歴史性が明らかになるのではなく、むしろ概念化されざる隠喩特有の歴史的変遷のうえに、概念的思考の推移が事柄として位置づけられるのであった。

ブルーメンベルクは隠喩が特定の「問い」に対する「答え」として機能している点に着目する。哲学的言説においてある隠喩が使用される。例えば真理とは光である、あるいは真理には抗いがたい力強さがある、真理は衣服を剥ぎ取られた裸の状態である。このように語られるのは、そもそもなぜであろうか。ブルーメンベルクは隠喩が否応なく呼び込まれざるをえない状況に、真理への問いを概念による定式化によって終了することに対する拒否を見て取る。[21] 真理とは何かというような「その志向充足が体系的にはそのつどにはほとんど明示化されえないような前体系的性格の問い」(TM 188) への答えは、概念よりもはるかに意味に富んだ隠喩の形式においてかつてより与えられてきたのである。

Ⅴ．第五テーゼにおいても、原理的に解答不可能な哲学的問いへの「答え」としての絶対的隠喩の形式性格がさらに言及されている。隠喩は「原理的に答えることはできないが、それゆえに消去することもできないような問い」(TM ebenda.) への答えである。問いへの答えとしての絶対的隠喩は、その絶対性からすれば概念化作業を拒むものなので、そこで表明されている理解が正しいか正しくないかという真偽の秤にかけられうるものではない。言い換えれば絶対的隠喩の真理はそのつどの文脈に依存する「プラグマティック」(TM ebenda.) な真理である。「真理が光である」という主張に正当性を与えるのは命題それ自身ではなく、それが発せられる状況なのである。

先にも触れたが、それゆえ隠喩学は絶対的隠喩を本質的に歴史的対象として扱うほかなく、ブルーメンベルクをはじめ隠喩学者自身が、何らかの適切な隠喩を駆使して哲学的問題に答えを与えようとするわけではない。隠喩学はむしろそのような試みに対する断念を表明することで、新しい学問的地平へと思考を転ずるのである。

第六節　隠喩のモデル機能

では、そうした諦めのもとで開けてくる隠喩学特有の地平とはどのようなものであろうか。絶対的隠喩は言説の内在的な真理に関わるのではなく、むしろプラグマティックな振舞いの中で機能するものである。「それは私たちに基礎的な確信、憶測、価値づけを指し示す。そこから態度、期待、活動と無為ないしエポケーが調整される」(TM ebenda.)。

例えば「世界とは何か」という問いに対して、それは生き物である、洞窟である、鏡である、書物である、橋である、劇場である、時計であるなどと語られる。それらは純粋な理論的表明ではなく、何らかの実践的なオリエンテーションを果たすものである。例えば「世界は時計である」という機械論的な隠喩は、世界に対して私たちの考え方や決断を規定して導き、「修理」や「調整」という時計モデルにその可能性を担保された態度を背景的に基礎づける。ブルーメンベルクは絶対的隠喩が備えているこうした性格を隠喩的モデルの「方向設定の機能」(TM ebenda.)と呼んでいる。隠喩は語りえない問いに対する答えとなるばかりではなく、そこからさらに、私たちが対象に関わる際の思考と実践の舞台設定を行うのである。

VI．第六テーゼは絶対的隠喩のこの「モデル機能」(TM 189)について手短にまとめている。隠喩を概念的思考との関連において主題化する隠喩学にとって、中心的な分析対象になるのは、明晰判明が目指されるはずの哲学的言説に不意に出現するような隠喩の機能である。第五テーゼで見たモデル化された隠喩は、ブルーメンベルクによればそのような哲学的思考の「背景」ともなる。それについては次のように言われている。

とりわけここで対立する隠喩タイプの間での先行的な決断が役割を果たしている。例えば有機体か機械かという基本的な表象の間での選択などである。私たちに先立って思考しており、私たちの世界観のいわば「背後に」(im Rücken) 立っているのは言語だけではない。より強制的に、私たちはイメージの選択と蓄積によって (durch Bilderwahl und Bildervorrat) 決定されており、私たちがそもそも「経験にもたらす」ことができるものの中で「誘導されて」(kanalisiert) いる。(TM ebenda.)

絶対的隠喩は明晰判明に答えられない問いへの答えであるだけではない。隠喩を使用することは、それまで伝統的・文化的に蓄積されたイメージ（例えば光や時計など）を選択しそのつどの状況に適用することである。ブルーメンベルクはここで、それが概念的思考や決断に対する背景として機能することを指摘しているのである。あたかも水路や導管 (Kanal) のように、選択された隠喩はモデルとして思考を密かにどこかへと誘い込む背景となる。

ここでまさに、本論文のテーマとしての「背景」の問題系が登場することに注意したい。モデル化された隠喩が背景として機能するという観点は、論文「真理の隠喩としての光」ではいまだ表立つことのない側面であった。そこではもっぱら、「哲学的概念形成の前領域」としての隠喩のあり方に視点が絞り込まれていた。いまや隠喩学はそれとともに、概念そのものの領域における隠喩の機能を明示的に自らの対象として理解するのである。

一九五七年の論文から一九五八年の講演への間で決定的な転換があったとまでは言えないが、概念論および概念史の問題を積極的に隠喩学へと組み込み整理し直す作業の中で、隠喩の背景的機能の問題は主題的に浮上してきたものであることが少なくとも考えられるだろう。とはいえここではまだいくつかの問題系が並存していると見るべきである。それに加え、やはりこの時期のブルーメンベルク自身による「概念形成の前領域」という言葉の選択には、背景という主題を副次化させてしまうものがある。先取りになるが「前領域」という表現は、一九六〇年代以降は主張として事実後退していくことになる。その代わりに浮上してくるのが「背景」の問題系なのである。

第七節　隠喩史の類型論としてのパラダイム論（第七テーゼ）

以上のテーゼによってブルーメンベルクは隠喩学の問題設定と独自の視点を簡潔に整理する。それを受けて最後に、彼は隠喩学の具体的な作業のひとつとなる「隠喩史の類型論」（Typologien von Metapherngeschichten）を次の七つに整理して提示している。

1. 神話から隠喩への移行（プラトンの例）(22)
2. 翻訳可能な隠喩の絶対化（プラトンの洞窟と新プラトン主義のコスモス-洞窟）(23)
3. 隠喩から概念への移行（»Wahrscheinlichkeit«）(24)
4. 隠喩の利用（数学上の隠喩使用、人間中心主義的隠喩としての天動説）(25)
5. 破砕のための隠喩使用（Sprengmetaphorik）。表象を惹起しつつ破壊する。それにより超越を「体験可能」なものとする（思弁的神秘主義の隠喩タイプ）(26)
6. しばしばアレゴリーへと境界を越えていくような、隠喩の内在的な紡ぎ出し（光が燃える）(27)
7. モデルとして受け取られた隠喩をその出どころとなる基体の批判へと折り返す（啓蒙主義の啓示批判的原理としての「神は光である」）

(TM ebenda.)

ここで予告された一覧の順序と内容に忠実であるわけではないが、隠喩の使用法に関わるこの分類を思想史的に検討吟味するのが、一九六〇年に公刊される『隠喩学のためのパラダイム』、とりわけその後半部となる。とはいえブルーメンベルク自身も注意しているように、哲学的な隠喩使用に関わるこれらの基礎的な枠組みを歴史的に見出して分類整理するという仕事そのものが、隠喩学の本題であるわけではない。つまり「パラダイム論」はさしあたりただ「その分析的遂行能力の直観化のための補助手段（Hilfsmittel）」（TM ebenda.）であり、いわば隠喩学の固有領域を画定するための発見法的なプロレゴメナでしかない。

いずれにしても以上が一九五八年「隠喩学のためのテーゼ」講演の内容である。まとめれば、概念史を扱うにはデカルト的な明証の理想を断念しなければならないこと、特定の隠喩使用の内容は明晰判明な概念によって取り出すことができないということ（絶対的隠喩）、ある種の隠喩使用は原理的に答えが得られない問いへの応答であるということ、その応答が概念的思考や決断の背景として機能すること、これらがここで明確に提示された。概念史研究という趣旨から考えると、ブルーメンベルクの隠喩学はそれに対して補完的であるよりも、対立的であり、それがはらむ問題を浮き彫りにするものであったと言えよう。(28)

第二章　『隠喩学のためのパラダイム』における絶対的隠喩と背景隠喩法

第一節　触媒的領域、下部構造

「隠喩史の類型論」としての「パラダイム論」から「体系論」へという隠喩学というプロジェクトの二段構えは、講演の二年後に『概念史アーカイブ』上で発表され、後に書籍化された『隠喩学のためのパラダイム』（*Paradigmen zu einer Metaphorologie*, 1960）でもはっきりと踏襲されている。「隠喩学的パラダイム論というものは、もっともただ、かのなお高次の「より深い探求」に向けた予備仕事を課題とするにすぎない。それが求めるのは、その内部で絶対的隠喩を推測しうる諸領野を境界づけ、その画定のための基準を審査することである」（PM 16）。隠喩使用の類型を発見し、その妥当領域を画定することがここでまず行われるべき作業なのだ、というのである。

『隠喩学のためのパラダイム』は基本的に「隠喩学のためのテーゼ」を踏襲する構成になっている。その「序論」(Einleitung) では先の第一テーゼ（デカルト批判）[29]、第二テーゼ（哲学言語の根本要素としての絶対的隠喩）、第三テーゼ（メタキネーティク）に基づいてプログラム的に説明がなされている。ここではそれらに加えて、「真理の隠喩としての光」以来の概念形成論の観点が再び盛り込まれているのが特徴的である。次の箇所は、それ自体は変化せずに他の物質の変化を促進する「触媒」という言葉によって隠喩と概念の関係性について表現したものである。

絶対的隠喩を示すことで、私たちは想像力とロゴスの関係を新たに検討するきっかけを得るに違いないだろう。しかもそれは、想像力の領域を単に概念的なものへの諸変容のための基体として受け取るというだけを意味しない（その場合には、いわば要素はひとつひとつ加工・変形され、イメージのストックは使い尽くされてしまうだろう）。のみならず、自立的に概念世界を豊かにはするが、この基礎的な存立をその際に変形し消尽することがない、そうした触媒的領域 (die katalysatorische Sphäre) としてそれを理解する、ということなのである。(PM 15)

「序論」の後の箇所では再び化学的表現を用いることで隠喩使用と概念的思考の関係性について次のように述べられている。「隠喩学は思考の下部構造 (Substruktur des Denkens)、すなわち体系的結晶化の基底と培養 (den Untergrund, die Nährlösung der systematischen Kristallisationen) へアプローチしようと試みる…」(PM 16f.)。すなわち体系的思考を促進するという隠喩使用に備わるこの機能を取り出すことが概念史研究への寄与となるとされる。このように、ブルーメンベルクは『隠喩学のためのパラダイム』では、概念史研究との関連性をこれまでより強く意識しているのである。
とはいえ、ブルーメンベルクはその関係性を表現するためにそれ自体隠喩的なものに頼らざるをえないほどには苦心しているようである。「触媒的領域」や「思考の下部構造」といった領域構造的表現と、カントの「象徴」になぞらえながら「隠喩は、プラグマティックな機能におけるモデル（Modell in pragmatischer Funktion）としてはっきりと特徴づけられている」（PM 15）という（「背景」の問題系に属する）機能的作用的表現とがここでは混在している。このような葛藤もやはり概念史研究への従属という初期隠喩学特有の性格づけに起因しているように思われる。

第二節　隠喩学の体系論と背景隠喩法

先の講演で挙げられたテーゼのうちで、第四テーゼ（答えとしての隠喩）、第五テーゼ（プラグマティックな機能）に関わる観点は、『隠喩学のためのパラダイム』では第一章「「力強い」真理という隠喩使用」、第二章「真理の隠喩使用と認識のプラグマティズム」において、真理をめぐる隠喩使用を例に論じられていく。真理に関わる隠喩というモチーフは論文「真理の隠喩としての光」からの派生として理解できよう。ここではそれが、「隠喩学のためのテーゼ」で示された理論的考察のもとでさらに練り上げられていくのである。

背景の問題系を追跡する本論文の観点からここでとくに注目したいのは、先に見た第六テーゼ（モデル化された隠喩の背景的機能）と関係が深い『隠喩学のためのパラダイム』第六章「有機体と機械の背景隠喩法」（VI. Organische und mechanische Hintergrundmetaphorik, PM 91–109）である。言語表現領域の裏側に潜む「暗示的モデル」と呼ばれる「隠喩的背景」（der metaphorische Hintergrund, PM 24）への言及は、『隠喩学のためのパラダイム』[30]の中ではしばしば散見される。それを改めて絶対的隠喩の「背景隠喩法」（Hintergrundmetaphorik）と術語化し、その機能に焦点を絞りながら隠喩史を再構築するのが、この第六章の課題となる。その叙述を実際に見てみよう。

隠喩使用は概念論的言説が排他的に登場すべき場所であってもひと役買っていることがある。例えばはじめて月を訪れる人の報告は、馴染みのある地理的表現によってなされざるをえない。この例から、理論的言明においても隠喩的なモデルが背景として機能しうることが理解できる。ある思想家の著作を真に理解するために、そのような背景にまで回り込む必要があるのはそのためである。背景にある隠喩使用こそが、まさに真正の哲学者と追従するだけのエピゴーネンとの差であるとブルーメンベルクは語る。真正の思想家は「自身の「体系」を生き生きしたオリエンテーションにおいてつかんでいる (sein ›System‹ in der lebendigen Orientierung hält) 一方で、学派経営は諸概念を自分勝手な原子論へと「根こそぎ」してしまう」(PM 91)。

このモデル化された隠喩の背景機能が「もっとも明らかになるのは、対立するメタファーのタイプの間の先行決断が根底にあるところ、例えば有機的なものと機械的なものという主導表象の二元論の内部における選択において」(ebenda.) である。そこで有機体的隠喩と機械論的隠喩が二者択一的に選択される場面を観察することで、ブルーメンベルクは隠喩使用が備えている背景としての機能を明らかにしようというのである。このような導入の後でかつての第六テーゼがほぼ文字通りに反復される。

> 「言語は私たちに先立って思考しているだけではなく、私たちの世界観においていわば私たちの「背後に」ある。もっと強制的に私たちはイメージの蓄積と選択によって規定されており、一般に私たちに示されうるものと、私たちが経験においてもたらしうるものにおいて「誘導され」ている。ここにこそ、隠喩学の体系論 (*Systematik* der Metaphorologie) の意味がおそらくあるだろう (その可能性についてここで予言するわけにはいかないが)。(PM 91f.)

ここでは示唆されるだけに留まっているが、まさに「背景隠喩法」の問題こそ「隠喩学の体系論」の課題であることが明言されている。しかし「パラダイム論」としての『隠喩学のためのパラダイム』の枠内では、その可能な類型領域を発見することだけが期待される。以下では第六章の記述を頼りに、その発見について見ていくことにしよう。

第三節　思考と決断の背景としてのモデル化された隠喩

ヨーロッパ人の隠喩の使い方は有機的であり、アメリカ人の場合は機械的であると言われるが、そこに関わっているのはたんなる嗜好の問題ばかりではない。それらの選択はむしろ「生き方」の様式的区別に関わる基礎表象の次元でなされている。「機械」という隠喩はそれぞれの時代において異なったイメージを喚起するものである。ラテン語のmachinaが古代的なコンテクストにおいて表現していたものは、近代以降で私たちが「機械」という言葉に読み取るものとは違う直観を与える。それゆえ「世界の機械」(machina mundi) という表現で例えば近代機械の代表格である「時計」をイメージしてはならない。「時計仕掛けの隠喩 (*Uhrwerkmetapher*) がはじめて、色あせて無味乾燥な「世界の機械」という表現に影響力の大きい特異性——信頼できる均等性に仕立て上げられたバネが一度引き上げられて回転する——を付与したのである」(PM 93)。新しい技術の時代である近代において、機械としての世界という隠喩は活性化された。そうした文化的条件が整うことで、「機械」は「世界の意義を示す簡潔なプログラムワード、すなわち有機的なものをその魂に制約された固有の本質性において疑いをかける隠喩となりうる」(PM ebenda.)。

古代ギリシア的な「コスモス」(調和) としての世界は、例えばプラトン『ティマイオス』のデミウルゴス神話によれば、全体としてひとつの有機的な統一である。コスモスとしての世界は「時計」ではない。というのもギリシア的な世界観において「人工的・技術的なものは、世界の内部で生み出されるものとして、全体的なものとしての世界統治の威厳を持ちうることがない」(PM 94) からである。人工的なものは、自然の事柄の「模倣」として、最初から欠陥のある代用品としてそこでは見られている。

それに対して、キリスト教的・神学的動機のもとでは、機械論的な宇宙観が表立ってくる。例えばラクタンティウスはストア派的な有機体的世界モデルに対抗し、機械的世界モデルを提示している。ブルーメンベルクは『神学教程』における次の節を紹介する。「そして［世界］は、それが創造されたものであるなら、生物ではない。というのも生物は創造されず、生まれるのだからである。そして建てられたというのであれば、それは端的に家や船のようなものである。したがって世界の何らかの創造者というものはある。それは神である。一方に創造された世界はあるだろうし、他方の側にそれを創造したかの者がいる」(II 5, 37)。ブルーメンベルクによれば、ラクタンティウスは機械論的隠喩によって神の明白な超越性を担保している。世界は「生まれたものとしてではなく、生み出されたものとして、それ自体では神的なものではなく、純粋な「消費対象」である」(PM 97)。

さらに時代を下り、例えばクザーヌスにとって、創造者としての神と創造された世界という関係性は、人間精神を理解するためのヒントとなる。すなわち設計能力こそが人間精神の概念にとって模範的となるのである。ブルーメンベルクが着目するのは、まさにこうした隠喩的なものに特有の推移系列である。神によって設計された天文学的運動が、モデルとして、いまや人間精神の場へと置き据えられる。

> モデルは理論的客観化の要求から本質的に遠ざけられているように見えたものの位置に［代わりに］投影（projiziert）される。この経過の構造は私たちにとってすでにまったくなじみ深いものである。つまりそれが「絶対的隠喩」の構造なのである。近代的宇宙論の機械観は、人間精神の働きによる新たな概念形成をその前提とした絶対的隠喩の展開である。(PM 98)

ここから議論はデカルトにおける機械世界、さらに「書物」としての世界の隠喩を検討し、啓蒙主義の時計モデルから、フッサールの隠喩使用にまで至る。デカルト的、あるいはフッサール的な世界理解にとって、モデル化は余計なものに見えるが、隠喩学者はそこに、思考を決定的に方向づけている「背景」を読み取るのである。(31)

第四節　初期隠喩学の残された課題

ここまで「真理の隠喩としての光」から講演「隠喩学のためのテーゼ」の分析を経て、そこから『隠喩学のためのパラダイム』の記述に対する整理を試みた。十九六〇年に立ち上げられた初期隠喩学構想にとって決定的であったのは、概念史研究にどのような寄与を果たすことができるのかという視点である。しかし隠喩学が概念史研究に対して担う役割が肯定的なものであるか、批判的ないし否定的なものであるかは曖昧なままに留まった。その曖昧さは概念ないし概念的思考に対する隠喩の位置が多様な表現によって定められていたこととも連関するように思われる。隠喩は概念形成の「前領域」であるとともに、それを促進する「触媒的領域」でありながら、「思考の下部構造」として体系的思考の結晶化を担いつつ、思考が実際に働く際の「背景」でもある。これらの要素が混然一体として融け合っていたのが初期隠喩学の特徴でもある。

たしかに次のように考えることもできる。これらの曖昧さは「パラダイム論」に固有の制約に由来するのであり、概念的思考に対する隠喩使用の機能については「体系論」において明確に整理され解決されるのだ、と。しかしながら隠喩学の「パラダイム論」と「体系論」という初期隠喩学で明示されたこの区別が何を意味しているのか、ということもまたはっきりしない。「隠喩史の類型論」としての「パラダイム論」を本来的隠喩学への導入として捉えるとしても、類型の先取り的な発見がその後の考察に対してどのような意義を持ちうるのかは示されていない。先に見たように、『隠喩学のためのパラダイム』第六章で、「背景隠喩法」が「隠喩学の体系論」に関わる中核的課題であることが示唆されていた。しかし類型の発見という作業は、ラディカルな歴史性を示す隠喩史の実際的な検討に先立って行われうるものなのだろうか。また、第六章の歴史記述はすでにして何らかのかたちで「背景隠喩法」の問題に踏み込んでいるか、あるいは前提としているのではないだろうか。

このようないくつかの疑問は、後のブルーメンベルクの思想展開を見るなら、ますます掻き立てられるものでもある。次に見るように、七〇年代のブルーメンベルクは概念史研究を隠喩学に対する「限定」として反省的に把握し、そこから解放されることで隠喩学は真価を獲得すると考えるようになる。そうした反省の理由はどこにあるのか。概念史研究の限定から解放された隠喩学とはどのような思考であるのか。次章で確認することにしたい。

第三章　理論的好奇心を駆り立てるもの――隠喩学から非概念性の理論へ

第一節　視点の方向転換

『隠喩学のためのパラダイム』発表のほぼ二〇年後にあたる一九七九年、ブルーメンベルクは『観望者のいる難破船』(*Schiffbruch mit Zuschauer*, 1979) 最終章「非概念性の理論への展望」(Ausblick auf eine Theorie der Unbegrifflichkeit) で、隠喩学の自己理解に対する「幾ばくかの変化」を次のように述べている。

エーリヒ・ロータッカーは一九六〇年に〔私の〕『隠喩学のためのパラダイム』をその雑誌『概念史アーカイブ』に収めた。そのとき彼は編集者としてそれを、彼自身がまさに着手しようとしていた「概念史」のための補足的な方法論と見なしていた。それ以来、隠喩学の機能に変わるところは何もなかったが、それが指し示すものについては幾ばくかの変化があった。とりわけいまや隠喩使用は、非概念性 (Unbegrifflichkeit) に関するほんのわずかな特殊ケースにすぎないと見なされるべきなのである。(SZ 87)

ここでブルーメンベルクは「非概念性」という枠組みのもとに隠喩使用の問題を包括しようとしている。それにより概念史研究という当初与えられていた限定が取り払われるのである。初期隠喩学は「概念形成の前領域」を主題化することで概念史研究への寄与を図るものであった。ところがいまや「隠喩使用はもはや、手探りで理論を構想しようとする際の主要な領域として、あるいは概念形成の前領域として、あるいは専門言語がいまだ固められていない状況における間に合わせとして、理解されるだけではない」(SZ ebenda.)。それどころか、概念的思考を可能化する「絶対的隠喩」の機能という隠喩学の中心テーマについてさえ、さらにその基礎が掘り下げられるべきだとされるのである。

> いまや視線の方向は逆転した (die Blickrichtung habe sich umgekehrt)、と言えるかもしれない。それはもはや、とりわけ概念性の構築にだけではなく、あらゆる理論に対する動機づけを絶えず後ろ立てているもの――絶えず現前に引き留められうるものではないにしても――としての生活世界への、遡行的な結びつき (die rückwärtigen Verbindungen zur Lebenswelt als dem ständigen... Motivierungsrückhalt aller Theorie) にも関連づけられるのである。(SZ ebenda.)

ブルーメンベルクの問題意識は概念形式の観点にはもはや限定されない。このように、隠喩学はいまや「生活世界」の理論に結びつけられることで「非概念性の理論」へと拡張する。生活世界から誘発されるのは隠喩だけではなく、そこには科学や学問一般の理論定立の動機もまた含まれる。注意するまでもないことだが、このような拡張に基づくことで、隠喩学の試みが全体として撤回されるのでも、隠喩が考察の対象として特権的な地位を剥奪されるわけでもない。問題なのは、はっきりと述べられているように、隠喩に対する着眼点を変えることなのである。

初期隠喩学は概念的思考の「背景」を隠喩使用に見た。ここではさらに、隠喩使用の「背景」が問題となるのである。

第二節　理論的好奇心の示準化石としての隠喩

では、こうした方向転換の先に、隠喩はどのようなものとして新たに捉えられるのだろうか。

私たちが学問に対して真理なるものを期待することができないということをもう認めなければならないとしても、いまや知ることの失望に結びついているものをなぜ私たちが知ろうと欲したのか、私たちは少なくともそれを知ろうと欲するのである。この意味で諸々の隠喩は、理論的好奇心を裁定している沈殿層について推定するための示準化石（Leitfossilien einer archaischen Schicht des Prozesses der theoretischen Neugierde）である。この層が深く沈殿するものだと言っても、それを時代錯誤なものであると見なす必要はない。理論的好奇心の刺激や真理への期待の充実へと戻る道はそもそも何もないのだから。（SZ ebenda.）

かつて語られていたように、隠喩学者は原理的に解答不可能な問いに対して隠喩を駆使し応答することを自身の任務とするのではなく、歴史的に出現した隠喩使用を記述する。その意味で研究対象と距離があった。ここでもまたその距離は保たれているが、その理由がここでは一段と深められているように思われる。隠喩学的に距離を保つのは、ただ隠喩使用の機能を歴史学的に見定めるためだけではもはやない。ここで語られているのはむしろ、隠喩学的遂行の「なぜ」である。ロータッカーやガダマーのように、「哲学としての概念史」へと直接的にコミットする態度には、一九六〇年前後のブルーメンベルクもまた冷ややかであった。ただそこではなお自身の隠喩学こそが、概念史研究あるいは哲学への基礎を担うという自負が見え隠れしていた。ところがここではまた一段とメタ的な視点が取られている。私たちの地平を形成しているものは期待ではなくその断念である。この断念がかつての期待への省察を促すのである。そのような意味で、「非概念性の理論」にはかつての隠喩学に対する自己省察の側面が認められる。

隠喩もまたその視点から捉え返される。『隠喩学のためのパラダイム』でなされていたダイナミックな諸規定（触媒的領域、思考の下部構造…）と比較すれば、「示準化石」という控えめさがここでは目に付く。いずれにしてもこの新たな規定は何を意味しているのだろうか。その問いを念頭に置きつつ、本章では隠喩学のこのような変化がいかなる思考をなお可能にするものであるかを確認するために、六〇年代後半から七〇年代前半にかけてのブルーメンベルクの議論を見ていくことにする。そうすれば、ブルーメンベルクの思考の歩みを背景問題の深化として理解するための糸口が得られるに違いない。(32)

第三節　理論的好奇心を駆り立てるものと抑制するもの

隠喩とは「理論的好奇心を裁定している沈殿層について推定するための示準化石」であるという新たな規定を検討することから始めてみよう。いくつかポイントがある。まず「理論的好奇心を裁定している」と訳した部分（ドイツ語ではdes Prozesses der theoretischen Neugierde）であるが、これは初版が一九六六年に刊行された『近代の正統性』(*Legitimität der Neuzeit*)第三部のタイトルに相当する。(33)日本語の訳書では「理論的好奇心に対する審判のプロセス」という訳が与えられている。Prozeßという語には「訴訟」と「経過」というふたつの意味があり、ブルーメンベルクの議論もその両側面に関わるものとなっている。

その第一章「理論的動因が妨害に弱いこと」(LN 263-277)で述べられているように、主題となる「理論的好奇心」は現代では科学の進展を促す動因となるものである。今日の科学は私たちの至福を目指すための道具ではなく、それ自身の動機によって駆り立てられるにすぎない。そこに「理論的好奇心」という情念的なものが動員されているのである。ところがそれはヨーロッパの全史を通じて無条件に肯定されてきたわけではない。むしろ理論的好奇心に場所を与え現在の私たちの関心をそれによって駆動しているものが何であるのか。この問いを解明するためにブルーメンベルクは古代からフォイエルバッハやフロイトに至るまでの好奇心論の歴史を叙述する。その際に考察の軸となるのが、理論的好奇心そのものの生理学的メカニズムではなく、むしろそれを一般的に認可し肯定するもの、あるいは逆にそれに審判を下し抑制するものなのである。(34)

ここですでに「理論的好奇心」を駆り立てる「背景」への主題的な問題意識が示されている。とはいえ近代性をどのように特徴づけるべきかという『近代の正統性』という著作全体の課題からすれば、中世神学的な裁きからの解放による好奇心の近代的推奨という側面に記述の焦点が絞られるため、先ほどまで確認してきた初期隠喩学の議論と積極的に結びつくものは少ない。「理論的好奇心の裁き」の問題と結びつけながら、隠喩学の射程を再設定するという作業は、むしろ『近代の正統性』以降の課題となる。

第四節　概念史研究からの独立

一九七一年、ブルーメンベルクは『概念史アーカイブ』誌に「隠喩についての観察」(Beobachtungen an Metaphern)と題した論文を発表している。「観察」というタイトル、および論文内でのいくつかのモチーフ(現存在の隠喩としての航海、難破、観望者)は一九七九年『観望者のいる難破船』に引き継がれるものである。のみならず、「非概念性の理論への展望」へとつながるような隠喩学の捉え直しがここですでに見られるのも、本論文の観点にとっては重要である。

その第一章「観察者を局限すること」(I. Lokalisierung des Beobachters) で、ブルーメンベルクはまず、『哲学の歴史的辞典』(HWPh) 第一巻 (同年の一九七一年刊) 巻頭に掲載されたヨアヒム・リッターの「諦め」に言及している。概念史に関する共同研究の最大の成果のひとつとしての『哲学の歴史的辞典』は、ブルーメンベルクの根本的な問題提起にもかかわらず、隠喩をそこに収集することを断念した。[35]

リッター自身が述べているように、[36]『哲学の歴史的辞典』はルドルフ・アイスラーによる『哲学的概念辞典』(一八九九年) のプロジェクトを引き継ぎ補完するという理念を抱いていた。ブルーメンベルクはコント主義者であったアイスラーとのこの結びつきが、リッターの企てに対し、概念論を一義的に整備するというデカルト的理想と、歴史的に自己把握する哲学との間での緊張をもたらしていると指摘する (BM 162)。その緊張を解消し両者を一致させることが概念史研究に向けられた期待であり要求であった。

だとすれば、デカルト的理想に対する根底的な疑念を抱くブルーメンベルク的隠喩学の問題提起が『哲学の歴史的辞典』によって引き受けられえないというのは当然の帰結として明らかになる。概念史研究にとって、たしかに隠喩学はなお「概念形成の発生的構造へとアプローチするための補助」(BM 163) となることは認められているが、それは後者が概念的一義性への到達を「想像的背景と生活世界の手引きの貧困化」(BM ebenda.) の結果として明らかにしてくれることによる。だとすれば隠喩学者はなお概念史研究の理想に付き合い続ける必要はあるのだろうか。

予想された決裂がこうして現実のものとなることで、ブルーメンベルク隠喩学は概念史研究の軛から解放され、自身に固有の課題へと直接的に向かい合う機会を得るのである。それについてブルーメンベルクは次のように述べている。

隠喩学はその対象性に関して概念形成の前領域（Vorfeld）や下部構造（Substruktur）として見なされてもよいだけではなく、それは逆の方向で、構成に関わる利用手段を生活世界における成り立ちへと遡求して明らかにすることの可能性（Rückführbarkeit）を開示する。構成の手段はたしかにそこに由来するわけではないが、多様な仕方で背後に結びつけられて（zurückbezogen）いる。生活世界は加工されうる素材を提供するだけではなく、そのような加工に反対し、そこで果たされたものを承認することに反対しもする差分化された抵抗構造を備えもしている。（BM 164）

隠喩学の意義は概念形成論に限定されるわけではない。隠喩使用が開示する生活世界への結びつきこそ、改めて主題化されるべきなのである。ただこうした視点自体はたしかに、生活世界という術語は登場しなかったものの、初期隠喩学においてもほのめかされてはいた。モデル化された隠喩が思考の背景として機能するという「背景隠喩法」が「隠喩学のためのテーゼ」および『隠喩学のためのパラダイム』第六章で論じられたとき、そこでは言語による先行的な規定と「イメージの蓄積と選択」による「誘導」という現象が認められていたのである（本論文第一章第九節、第十節参照）。とはいえそこでは概念史研究との連携という限定の中で、「背景」の問題系は他の性格づけ（概念形成の前領域、思考の下部構造など）と並ぶ観点に留まっていた。それがいまや概念史研究から独立の学問的作業領域として提示されることで、隠喩学の中心的課題として浮上してくるのである。これがまさに「非概念性の理論への展望」での隠喩に対する規定、すなわち「理論的好奇心を裁定している沈殿層について推定するための示準化石」としての隠喩と訳した規定の「沈殿層」（die archaische Schicht、アルカイックな地層）という事柄に関わるものであるように思われる。

第五節　隠喩使用と生活世界

「背景隠喩法」は「隠喩学の体系論」の課題となりうるものであると予告されていた。この点を重視するのであれば、隠喩学を概念史研究から切り離し、「背景」の問題系へと集中させることについては、すでに初期から見通しが立てられていたと言えなくもない。生活世界論の導入も、以前から準備されていたそのような下地のもとでなされたのであると整理することもできよう。いずれにしても問題なのは、このようなかたちで隠喩学を再編成し、その視点の方向を転換させるブルーメンベルク自身の本来的な関心がどのように理解されうるのか、という点である。具体的に言えば、隠喩と生活世界はどのように関連するのか。その関連を明確化することでブルーメンベルクは何を狙っているのか。この点を以下に見ていくことにしよう。

論文「隠喩についての観察」第一章では、観察主体の隠喩としての「観望者」(Zuschauer) の問題と絡めて、隠喩の背景的性格がさらに考察されているが、ここでは背景モチーフに限定して議論を追跡しておきたい。[37]「隠喩は想像的文脈へと入っていく (Metaphern ziehen in imaginative Kontexte hinein)。そうして比喩が隠喩から明示的に生じる。そのような明示性が達成されないなら、方向づけは背景的に (hintergründig) 留まりうる」(BM 167)。この明示化されない「想像的文脈」がブルーメンベルクの捉える生活世界の構造であり、隠喩はそこを行き来する。往来する中でそれが比喩として明示化される場合もあるが、暗示的なままにそれが背景として方向づけを行う可能性もここで述べられている。

私たちは諦めやかの「打消し」を確証することによってではなく、それらを生じさせないことによって生きている。生活世界は無効化と対峙する世界 (Welt auf Widerruf) である。隠喩はこの克服することのできない事柄を露わにするものの範例である。隠喩の中で未規定的な期待地平はひとまず分節化される。(BM 170)

隠喩は生活世界に属する期待の地平を特有の仕方で分節するものであるが、同時に明示的に分節化された事柄を知らぬ間にそこへと引き戻し、引き留めるものでもある。それによって概念的に構築された世界に対して妨害や抵抗を実行する。この抵抗機能に、概念形成の前領域にはおさまらない隠喩使用の側面が示されているとブルーメンベルクは考える。

隠喩の空間とは不可能な、失敗した、あるいはまだ固められていないような概念形成の空間である。概念性の規範は諸々の先行的な方向設定に基づいている。それらは必然的に、規範領域とその体系構築の外側にあるのでなければならないが、プロセスそのものに解消されるような、その発生にもっぱら関わる前領域を成しているのでもない。(BM 171)

第六節　隠喩の人間学

ここからブルーメンベルクの考察は、これまでとは異なった、いわば「人間学的」(anthropologisch) な観点を含んでくる。私たち人間の期待はなぜ概念による明示的な確証を得ることで満たされるのではなく、なお隠喩に頼らざるをえないのか。しかもなぜそれによって概念的世界に対して抵抗する必要があるのか。隠喩は私たちの生に対してどのような機能を果たしているのか。これらの問題意識のもとで、隠喩使用が再検討されていくのである。

これらの新たな問題に関連して、「隠喩についての観察」最終章「文化批判の背景隠喩法」(Hintergrundmetaphorik der Kulturkritik, BM 212-214) で、ブルーメンベルクは隠喩が理論的に確保された領域を越える先行把握的なものを持っていることに注意を向ける。人間は隠喩によっていわば何かを察知し、それを表現するのである。しかし隠喩にはそこで受け取られたもの、例えば目の前に迫る危機に対して万全に対処できる能力がない。むしろその完全な克服を図る概念構築に対して「待った」を突きつけているのである。

隠喩の機能はリスクと安全確保のこの二元性（Dualität von Risiko und Sicherung）から明らかなものとなる。それは直観性の示唆を利用し、それによって概念形成の前段階や基礎であるのみならず、概念形成をまた妨害し、自身が示唆する方向へとそれを誘導するのである。（BM 212）

隠喩を使用することは、生の諸問題へと対処するための窮余の策として理解できる。(38) こうした隠喩の人間学的側面に関わる問題を、隠喩の場所である「修辞学」（Rhetorik、修辞、レトリック）と絡めてさらに主題的に考察するのが、「隠喩についての観察」と同年（一九七一年）に公表された論文「修辞学のアクチュアリティへの人間学的アプローチ」（Anthroporogische Annährung an die Aktualität der Rhetorik）である。とりわけゲーレンの「欠陥存在」（Mängelwesen）としての人間という規定に依拠しつつ、ブルーメンベルクはここで隠喩使用が属する修辞学的状況の前提を「明証性欠如と行動切迫」（Evidenzmangel und Handlungszwang, AA 145）として捉える。手近な直観性を利用して隠喩を使用することは、明晰判明な理解が追いつかず、にもかかわらず行動へと駆り立てられている人間が、急場凌ぎの埋め合わせとして用いる苦肉の策である。そのような不完全な手段に頼らざるをえない存在者として、「人間は自己自身に対して直接的な関係や、純粋に「内的な」関係を持たない」（AA 134）。この「自己外性の構造」（Struktur der Selbstäußerlichkeit）をもとに、ブルーメンベルクは「人間はその状況が隠喩的ではなく、すでにその構造そのものが潜在的に隠喩的なのである」（AA 135）と結論づけている。

おわりに　何故知ろうと欲したのか――背景を主題化することの哲学的射程

これまで初期隠喩学のプログラム化から七〇年代の人間学化に至るまでのブルーメンベルクの思考展開を概観してきた。概念形成の前領域と体系的思考の下部構造を主題化する作業として構想された隠喩学の試みは、隠喩使用の「なぜ」に立ち返りその問いを掘り下げることで、生活世界論や人間学の議論を呼び込んだ。このような「視線の方向転換」は一方で概念史研究からの距離化と、本来的な隠喩学に固有の管轄領域を囲い込む意図を持っていたわけである。

しかしながら本論文の考察が明らかにしたように、そうした表向きの「転換」の背後で、「背景」の問題系に対するブルーメンベルクの一貫した視座が確認されたわけである。隠喩が思考や決断を誘導するという「背景隠喩法」は、生活世界論と結びつく素地を当初から備えていた。「非概念性の理論」として新たに展開した隠喩学は、背景としての生活世界に、文脈の攪乱（SZ 88）[39]、概念的な一義性への抵抗や引き戻しといった具体的な性格づけを付加する。それによって、「明証性欠如と行動切迫」という人間学的状況分析に基本的な事柄として、人間存在の隠喩的構造を指摘することに成功したのである。しかしそれでも、こうした哲学的人間学上の一般化されたテーゼが、ブルーメンベルクの狙いそのものではないということには、最大限に注意されなければならない。

本論文では扱うことができなかったが、例えば八〇年代後半に出版された『マタイ受難曲』(Matthäuspassion, 1988) 最終章「哲学者の神の過剰」が、神概念の崇高化とその抑制がもたらす「歴史的真空恐怖」(der geschichtliche *horror vacui*, MP 306) をテーマとしていることからも、ブルーメンベルクの主題的関心がなお「背景」に向けられていることを見て取ることができよう。人間学が隠喩使用の背景を語るのに対し、ここでのブルーメンベルクは明らかに哲学者・神学者たちの思考を駆り立てる背景として、あるいは私たちに「ニヒリズム」という時代診断を下させる「背景」として、概念史の機能を構想しているのである。隠喩使用でも、人間学的事実でもなく、ここでは概念の歴史こそが背景となる。概念史へのこのような仕方での新たなアプローチは、ブルーメンベルクの思想的核心を、「非概念性の理論」や「隠喩学」などといったラベリングから切り離して捉えるべきであることを示唆している。敢えて誇張的に言えば、人間学も生活世界論も「背景」の問題系への考究の途上で試験的に呼び込まれたものにすぎないように思われるのである。このことを本論文は見ようとした。

「背景」の問題系へと定位するよう促すものとは何か。『観望者のいる難破船』「非概念性の理論への展望」の一節を再び引用しておこう。「我々が学問に対して真理なるものを期待することができないということをもう認めなければならないとしても、いまや知ることとの失望に結びついているものをなぜ我々が知ろうと欲したのか、我々は少なくともそれを知ろうと欲するのである」(SZ 87)。背景への立ち返りはこのような断念から促される。それはまた私たち自身の背景、隠喩学者自身の背景へと直接的に向かおうとする道に対する諦めでもある。そこから根源ではなく受容が、直接性ではなく迂回が本質化する。それらもまた、ブルーメンベルク固有の哲学的思索圏を全体として照らし出すための必要な要素として、次に論じられるべきテーマとなる。[40]

※本研究は二〇二〇年度京都大学人文学連携研究者制度（受入教員：杉村靖彦、研究題目「ブルーメンベルクの受容理論を基盤とした宗教哲学」）、および日本学術振興会科学研究費助成事業「研究活動スタート支援」（研究課題「ブルーメンベルク神話・宗教論における文化哲学的受容概念の研究」、二〇二〇年九月〜二〇二一年三月）による支援を受けて行われました。

注

（1）ブルーメンベルクの著作からの引用は以下の版を使用し、「 」で該当箇所を明示するとともに（ ）内に略号と頁数を挙げる。

OD: *Die ontologische Distanz. Eine Untersuchung über die Krise der Phänomenologie Husserls*, Kiel, Univ., Philos. Fak., Habil.-Schr., v.

28.6.1950.（unpubliziert）

LM: Licht als Metapher der Wahrheit. Im Vorfeld der philosophischen Begriffsbildung, in: *Ästhetische und metaphorologische Schriften*, hrsg. von Anselm Haverkamp, Frankfurt am Main: Suhrkamp, 2001, S.139–171.

SL: *Schriften zur Literatur 1945–1958*, hrsg. von Alexander Schmitz und Bernd Stiegler, Berlin: Suhrkamp, 2017.

TM: Thesen zu einer Metaphorologie, in: *Archiv für Begriffsgeschichte 53*, Hamburg: Felix-Meiner, 2011, S.186–189.

PM: *Paradigmen zu einer Metaphorologie*, mit Kommentar von Anselm Haverkamp, Frankfurt am Main: Suhrkamp, 2013.

LN: *Legitimität der Neuzeit. Erneuerte Ausgabe*, Frankfurt am Main: Suhrkamp, 2012.

BM: Beobachtungen an Metaphern, in: *Archiv für Begriffsgeschichte 15*, Hamburg: Felix-Meiner, 1971, S.161-214.

AA: Anthropologische Annäherung an die Aktualität der Rhetorik, in: *Wirklichkeiten in denen wir leben. Aufsätze und eine Rede*, Stuttgart: Reclam, 1981.

TU: *Theorie der Unbegrifflichkeit. Aus dem Nachlaß*, hrsg. von Anselm Haverkamp, Frankfurt am Main: Suhrkamp, 2007.

SZ: *Schiffbruch mit Zuschauer. Paradigma einer Daseinsmetapher*, Frankfurt am Main: Suhrkamp, 1997.

（2） マールバッハの「ドイツ文学文書館」（Deutsches Literaturarchiv Marbach）に所蔵されたブルーメンベルクの遺稿、とりわけ「禁じられた断片」（UNF, unerlaubte Fragmente）とラベリングされた九箱の大きめのカードボックスに収められた資料からは、これまで研究蓄積を補完するような、あるいはそれを超えて新たな像を結ぶようなアイデアがさまざまに報告されている。

（3） Philipp Stoellger, *Metapher und Lebenswelt. Hans Blumenbergs Metaphorologie als Lebensweltshermeneutik und ihr Religionsphänomenologischer Horizont*, Tübingen: Mohr Siebeck, 2000.

（4） Kurt Flasch, *Hans Blumenberg. Philosoph in Deutschland. Die Jahre 1945–1966*, Frankfurt am Main: Vittorio Klostermann, 2017.

（5） フラッシュは個人的な会食で聴いたというブルーメンベルク自身の回顧について語っている（Flasch, a.a.O., S.13以下、「食堂でのプロローグ」）。ブルーメンベルクはそこで個人史的経験から彼自身の学問的関心を結びつけて語っている。一方で、神学生として出発したブルーメンベルクの学問キャリアとアウグスティヌスに代表される中世神学を背景とした好奇心の抑制と自然科学研究の制限、他方で、戦時にU-Bootのテレスコープに付けるレンズを作っていた経験と近代科学の進展がある（Flasch, a.a.O., S.15）。

（6） Jürgen Goldstein, *Hans Blumenberg. Ein philosophisches Portrait*, Berlin: Matthes & Seitz, 2020.

（7）　Goldstein, a.a.O., S.40.

（8）　Rüdiger Zill, *Der absolute Leser. Hans Blumenberg. Eine intellektuelle Biographie*, Berlin: Suhrkamp, 2020.

（9）　そのような観点による研究はすでに存在している。*Blumenberg lessen. Ein Glossar*, hrsg.von Robert Buch & Daniel Weidner, Frankfurt am Main: Suhrkamp, 2014は小事典形式の共同研究であり、ブルーメンベルクの中心的なモチーフを枚挙し、各文献でどのような扱いがなされているかを解説するものである。多方面に拡散するブルーメンベルクの議論を追ううえで便利な研究ではある。とはいえ本研究の取り上げる「背景」については取り上げられていない。

（10）　ゴルトシュタインは父からの離反というモチーフは後の「現実の絶対支配」からの「距離化」につながるものであるということ、父なる神への着眼はブルーメンベルクのカトリック神学生としてのキャリアとの関係で考察可能であると指摘している（Goldstein, a.a.O., S.128）。

（11）　一九四九年に設立。一九五七年に「ヘーゲル著作集出版部会」が設立するまで人文系の助成はなかった。同年に設置された概念史部会はドイツ研究振興協会内部における初の人文系の学際的共同研究であった。ペゲラーによればこれらの大きな人文学政策は、一度は破滅と荒廃を経たドイツ精神史に対する古典と伝統を再び確保するために求められたのであった（オットー・ペゲラー「序章　ヘーゲル研究」（オットー・ペゲラー編・寄川条路監訳『ヘーゲル講義録研究』、法政大学出版局、二〇一五年、二九頁）。

（12）　Margarita Kranz, Begriffsgeschichte institutionell. Die Senatskommission für Begriffsgeschichte der Deutschen Forschungsgemeinschaft (1956-1966). Darstellung und Dokument, in: *Archiv für Begriffsgeschichte 53*, hrsg. von Christian Bermes, Ulrich Dierse und Michael Erler, Hamburg: Felix-Meiner, 2011, S.152-226. 続いて検討するブルーメンベルク「隠喩学のためのテーゼ」のテキストもここに収められている。

（13）　*Historisches Wörterbuch der Philosophie*, 12 Bde., hrsg. von Joachim Ritter, Karlfried Gründer und Gottfried Gabriel, Basel: Schwabe Verlag, 1971-2007. この辞典の特徴は哲学的概念の語義を分析的に提示するのではなく、歴史上に現れた諸々の使用法を通時的にできるかぎり枚挙して整理するところにある。企画立案から完成までほぼ半世紀近くかかった歴史的事業であり、一五〇〇人以上の専門家が参加し三六七〇の項目を執筆した。

（14）　*Geschichtliche Grundbegriffe: Historisches Lexikon zur politisch-sozialen Sprache in Deutschland, 8 Bde.*, hrsg. von Otto Brunner, Werner Conze und Reinhart Koselleck, Stuttgart: Klett-Cotta, 1972-1997.

（15）　概念史という研究プロジェクトの全体像についてはErnst Müller und Falko Schmieder, *Begriffsgeschichte und historische Semantik: Ein kritisches Kompendium*, Berlin: Suhrkamp, 2016およびDers., *Begriffsgeschichte zur Einführung*, Hamburg: Junius Verlag, 2020参照。

（16）　クランツによれば、一九五八年三月十四日付ガダマー宛書簡で、ブルーメンベルクは部会の目的について「見当がつかない」、誰が参加するのか、時間を無駄にするくらいなら「思いもよらずに」死んだ方がマシだと書いているとのことである（Kranz, a.a.O., S.164, 注四六）。ブルーメンベルクはそこで隠喩学の「原理的、方法的、パラダイム的」なものを論ずるのでよければ、という提案も行っている。結局「概念史」の共同研究ということであらかじめはっきりとしたイメージを抱いていたのはどうやら発起人のロータッカーやガダマーくらいであったようである（Kranz, a.a.O., S.165f.）。

（17）　ブルーメンベルクと並び、古典文献学者ヴォルフガンク・シュミットの発表も行われた。クランツによれば、ブルーメンベルクの講演は長すぎて聴衆を疲労させ、彼の態度も悪かったので何人かには後まで響くような反感を買い、ロータッカーやガダマーが繰り返しなだめ仲裁に入らなければならないほどだった、という。概念史に関するこの共同研究が結果的に短命に終わったのは、そのような事情がもしかしたら暗雲を投げかけていたのかもしれないとクランツは推測している（Kranz, a.a.O., S.167）。とはいえ、概念史そのものに関わる発表がその後他の参加者によってなされることもほぼなく、概念史の基礎への問題意識が最後まで共有されなかったことのほうが解散の大きな原因であったとも思われる。その結果、個別的な実証研究だけが肥大化していくことになったのである。

（18）　『隠喩学のためのパラダイム』では、絶対的隠喩の絶対性について次のように述べられている。「これらの隠喩が絶対的である、と呼ばれることが意味するのはただ、それらが術語論的要求に対して抵抗的なものとして証明され、概念性へと解消されえないということであって、ある隠喩が別の隠喩によって代替ないし代理されることはできない、あるいはより正確な隠喩によって修正されえない、ということを意味するのではない」（PM 16）。

（19）　『隠喩学のためのパラダイム』「序論」末尾では次のように言い換えられている。「したがって絶対的隠喩もまた歴史を持つ。それは概念よりもラディカルな意味で歴史を持つのである。というのも、とある隠喩の歴史的変遷は、その内部で諸概念が自身の諸々の変容を経験するような、歴史的意味地平・視覚方式そのもののメタ的な推移系列の層（Metakinetik geschichtlicher Sinnhorizonte und Sichtweisen selbst）を出現させるからである。この内包関係によって隠喩学の（狭義の術語論的意味における）概念史への関係が従属（Dienstbarkeit）の関係そのものとして規定される」（PM 16）。

(20) Metakinetikに関わるMetakineseという言葉と、それに関連するGeschichtlichkeit der Geschichteというモチーフはすでに一九五〇年の教授資格申請論文「存在論的距離――フッサール現象学の危機についての探求」（未公刊。キール大学図書館において閲覧）において登場してきている。文脈に立ち入ることはできないが、「現実意識のメタキネーゼ」（OD 104）あるいは「歴史的意味地平のメタキネーゼ」（OD ebenda.）という言葉が一九五〇年の段階ですでに見られるのである。

(21) 『隠喩学のためのパラダイム』で言われるように、真理への問いが求め、哲学者たちを駆り立てていたのは、真理とは「事物が知性に一致すること」であるとか、いや「知性が事物に一致すること」だ、などという定義をめぐる抗争の貧しさに解消されるものではない（PM 18f.）。

(22) 『隠喩学のためのパラダイム』第七章「神話と隠喩使用」参照。

(23) 『隠喩学のためのパラダイム』第八章「ある隠喩の概念化：»Wahrscheinlichkeit«（確からしいこと、蓋然性）」参照。

(24) 『隠喩学のためのパラダイム』第十章「幾何学上での象徴使用と隠喩使用」参照。

(25) 『隠喩学のためのパラダイム』第九章「隠喩化された宇宙論」参照。

(26) 『隠喩学のためのパラダイム』第十章（PM 174ff.）。

(27) 『隠喩学のためのパラダイム』第十章（PM 179）。

(28) クランツの報告には発表の概要のほかに、それに対してなされた議論のプロトコルも掲載されている（Kranz, S.189ff.）。例えばハイムゼートは議論の冒頭で隠喩的背景を持たない哲学的概念はあるか、隠喩的背景のない思考は考えられるか、という質問を行っている（Kranz, a.a.O., S.189）。この疑問は隠喩学と概念史研究の有機的な連結に対する疑いの表明として理解できよう。ブルーメンベルク自身はここでは隠喩学と概念史研究をはっきりと対立させてはいないが、ハーヴァーカンプは隠喩学は概念史研究の対抗としてすでに理解できると解釈している（Anselm Haverkamp, Metaphorologie zweiten Grades. Unbegrifflichkeit, Vorformen der Idee, in: *Metaphorologie. Zur Praxis von Theorie*, hrsg. von Anselm Haverkamp und Dirk Mende, Frankfurt am Main: Suhrkamp, 2009, S.239）。

(29) ここではとくにヴィーコによるデカルト批判が引用されており、ブルーメンベルクは「想像力の論理学」（Logik der Phantasie）の問題系を利用して自身の問題設定の説明を図っている（PM 12）。ただここでのヴィーコ評価は両面的である。「ただ彼は、想像力の言語のために歴史の初期を取っておくかぎり、デカルト的図式へと退行してしまったのであった」（PM 14）。

(30) MetapherとMetaphorikの使い分けについて、本論文では前者を「隠喩」、後者を「隠喩使用」ないし「隠喩法」と訳し分けることで表している。前者が具体的な隠喩を示すのに対し、後者の「メタフォーリク」という言葉は主に隠喩の使われ方に関わる。代表的なのはここで論じる「背景として隠喩を使用すること」(Hintergrundmetaphorik) と、クザーヌスの無限半径を持つ円に代表される「隠喩を破砕するために隠喩を使用すること」(Sprengmetaphorik) である。後者は隠喩の自己否定によって言表しえないイメージの喚起を狙う隠喩の使われ方であり、否定神学的な神秘主義においてしばしば見られるものだとされる (PM 178)。

(31) ここでの主題は後の著作である『世界の読解可能性』(*Lesbarkeit der Welt*, 1981) に引き継がれる。そこでは「書物としての世界」という隠喩の歴史的推移と、それが持つ背景的機能が本格的に論じられることになろう。

(32) 本論文ではあくまで隠喩学の問題系とその展開に留まらざるをえないため、「生活世界」論についてのブルーメンベルクによる個々の論考を精査することはできない。それについてはとりわけ例えば遺稿集である *Theorie der Lebenswelt*, hrsg. von Manfred Sommer, Berlin: Suhrkamp, 2010 や、*Phänomenologische Schriften 1981-1988*, hrsg. von Nicola Zambon, Berlin: Suhrkamp, 2018 など参照。

(33) ハンス・ブルーメンベルク『近代の正統性Ⅱ：理論的好奇心に対する審判のプロセス』忽那敬三訳、法政大学出版局、二〇〇一年。

(34) なかでも重要なポイントになるのは第六章「好奇心を悪徳の目録に組み入れること」(LN 358-376) におけるアウグスティヌス論である。好奇心の神学的抑制というテーマは若い頃からブルーメンベルクが関心を持っていたテーマであった。

(35) 『隠喩学のためのパラダイム』を引用しながらリッターは次のように書いている。「H・ブルーメンベルクが示したように、まさに概念性への解消を拒む隠喩が「概念よりもラディカルな意味で歴史」を持ち、「体系的結晶化の基底と培養」としての「思考の下部構造」であることは明らかであるのだが、編者一同は、心苦しくありながらも、隠喩や隠喩的な言い回しをこの辞典の一覧に加えることを断念した」(Joachim Ritter, Vorwort, in: *Historisches Wörterbuch der Philosophie, Band 1: A-C*, Darmstadt: Wissenschaftliche Buchgesellschaft, 1971, S.VIII-IX.)。「断念の理由」はこの分野の研究状況からしてこの辞典には過重な課題であること、不十分な即興に終わるくらいなら今後の研究の余地を残すべきであることが挙げられている (Ritter, a.a.O., S.IX)。ちなみにその後『哲学的隠喩辞典』がコナースマンによって編集・出版された (*Wörterbuch der philosophischen Metaphern. Studienausgabe*, hrsg. von Ralf Konersmann, Darmstadt: Wissenschaftliche Buchgesellschaft, 2014.)。

(36) Ritter, a.a.O., S.I. リッターは哲学辞典なるものの課題を以下のようにまとめている。それは「ある立場を規範的に妥当させ、統一を装い要請するのではなく、概念と術語の多様において自己成就する運動を引き受け、それを可能な限り透明にすることによって、統一の可能な形成に寄与すること」(Ritter, a.a.O., S.VI) である。ここにライプニッツ、ヘーゲルからカッシーラーに至るまでの精神哲学の理想を見て取ることは難しくない。

(37) この問題は隠喩を観察する主体としての隠喩学の再帰的な自己省察とも理解されうる。この問題系は一九七九年『観望者のいる難破船』へと引き継がれていくが、村井則夫は「歴史的理性のメタ批判」という観点からそれについて論じている（村井則夫『人文学の可能性：言語・歴史・形象』（知泉書館、二〇一六年）とりわけ「第三章　生の修辞学と思想史――ブルーメンベルクの隠喩論と歴史論」参照）。

(38) 「文化批判」(Kulturkritik) は人間的生存に関わる隠喩のこうした機能を見落としがちであるが、それに対して正面から再批判を行うのではなく、ブルーメンベルクはこの論文の最後で「文化批判の隠喩学の必要性」について説いている。文化批判に固有の隠喩使用を分析することで、文化批判もまた「少なくともそれ固有の想像的背景を持つ」(BM 214) ことが示される。このような「迂回」的戦略が隠喩学はじめブルーメンベルク的思考を大きく特徴づけている。

(39) ブルーメンベルクは一九七五年夏学期にミュンスター大学で「非概念性の理論」と題した講義を行った。そのときの資料が二〇〇七年に遺稿として出版された。全体の内容としては、「非概念性の理論への展望」への下準備という性格もあるが、それ自体で独立した人間学的概念論である。その中に隠喩論も含まれる。そこでもまた文脈をかく乱するものとして隠喩の機能が考察されている (TU 61)。

(40) 受容と迂回を集中的に検討するのであれば、概念形成の前領域や、あるいは背景にもあてはまることのない、もうひとつの隠喩使用の局面もまた立ち現れてくる。それは隠喩学の言葉で言えば「破砕隠喩法」(Sprengmetaphorik) の問題である。原理的に表象しえないものを表象の自己破壊によって表現する隠喩の神秘主義的な使い方は、科学史における隠喩使用の分析と並び、いわば概念形成の「後領域」(Nachfeld) に関わる問題でありうる。

（筆者　しもだ・かずのぶ　成城大学文芸学部准教授／宗教哲学）

物質と精神の交叉点としての絵画

――ベルクソン哲学からみるジャン・デュビュッフェの芸術理念と実践(1)――

小寺里枝

はじめに

二〇世紀フランスの画家ジャン・デュビュッフェ（一九〇一～八五）の名は今日、日本をも含み世界的に展開した美術運動〈アンフォルメル〉の先駆者として、あるいは近年美術の領域のみならず幅広い関心を集める語〈アール・ブリュット〉の生みの親として知られている。とはいえこの人物に関する言及はしばしば断片的なものに留まり、いまだ十分な包括的考察がなされているとはいえない。デュビュッフェという芸術家とその作品は、美術史上なお捉え難い存在である。

デュビュッフェがもっとも精力的な制作活動をおこなった一九四〇～五〇年代、その作品の外観はめまぐるしく変化した。都市生活を描き出した色彩に富む一九四〇年代前半の絵画群から、暗い色調に厚塗りの油彩で人物を描き出した四〇年代後半～五〇年代初頭の絵画群、五〇年代半ば以降にはもっぱら静物や風景を題材として、その絵画面はより静的かつ内省的なものへと移行していった。造形的観点からして隔たりがあり、一見無秩序に展開したようにも思われるこれらの作品を結ぶのは、「物質性《マテリアリテ》」である。(2) つまり絵具の筆触跡やインクの擦れ、滲みといった物質感《マティエール》が際立つ油彩面には、ときに細かい砂や石膏といった素材《マティエール》が混ぜ合わされることもあり、画布上に植物の根や葉、蝶の羽といった自然素材《マティエール》が貼り付けられることもあった。このようにさまざまな「物質性」を特徴としたデュビュッフェ作品は、いかなる理念にもとづき制作されたのか。またこれらの「物質性」は、具体的作品経験においていかなる役割を果たすものだったのか。本稿はこれらの問いに対する応答を探り、デュビュッフェの芸術理念と実践を明らかにすることを試みるものである。

考察の出発点としたいのは、一九四四年のデュビュッフェ筆書簡にみつかる次のような記述である。

〔街の〕通り、もちろんそうです、不整合で、つばめの巣のスープ〔あるいは孵化した〔ばかりの〕卵〕、夢幻状態の胚形質〔のような〕。まだ思考されていなくて、思考されようとする途中の。笑わせるためだったのです、《パリの光景》と題したのは。より的確な題名は、以下のとおりです。《パリの光景が形成されつつある瞬間の人間精神の光景》。だから、あなたが言うように子どもっぽいだけでなく、胎児のよう〔な絵画〕なのです。四肢がかろうじてかたちを形成しはじめ、いまだ消されていない追憶、魚類や両生類の大昔の記憶をともなう〔ような〕。確かなのは、緊密に取り組まなければならないということ、〔つまり〕あらゆる手段を用いて、さらには術策をも弄さねばならないということです。そうなのです、この瞬間を捕獲し、そして〔画布上に〕定着させるためには(3)

故郷ル・アーヴルで哲学バカロレアを取得した後、デュビュッフェが画家を目指してパリへやってきたのは第一次大戦休戦協定の締結直前、一九一八年秋のことである(4)。いわゆる前衛的芸術が多彩に展開したこの時期の首都で青春期を過ごした画家は、一九二五年に突如として絵画制作を放棄、その後本格的な絵画制作を再開したのは、占領下一九四二年のことだった。そうした画業再開から間もない一九四四年春、画家は文筆家ジャン・ポーラン

（一八八四〜一九六八）に宛て、右のように書き送っていたのである。この書簡記述から約一ヶ月後、デュビュッフェはそれまで制作していたカルティエ・ラタン、ロモン通り三十四番地のアトリエからモンパルナス駅北側に位置するヴォジラール通り一一四番地へ、より大きなアトリエを求めて引っ越す。[5] 数階建てのこの大規模なアトリエで、以後この画家はさまざまな絵画技法を生み出しながら、前述のような物質性を特徴とする造形制作を行ってゆくのである。

「あらゆる手段を用いて」、「緊密に取り組まなければならない」。回顧的にみれば、このような記述は以降さまざまな素材を取り入れながらおこなわれた実験的な絵画制作を物語ったものともとれる。とすれば一九四〇〜五〇年代のデュビュッフェによる物質性の強調された画業とは、同書簡で述べられたところ——「この瞬間を捕獲し」、そして絵画上に「定着する」こと——を実現するべくなされた一連の造形的試みであったとみることもできるだろう。[6]

さて、この書簡は一九六七年に画家自身の監修のもと哲学者・美術史家ユベール・ダミッシュが編纂した記述全集第Ⅰ〜Ⅱ巻にも、また画家の死後一九九五年に生前の未刊行文書を加えてダミッシュがあらたに刊行した同第Ⅲ〜Ⅳ巻にも掲載されていない。本書簡が公刊されたのは二〇〇三年、書簡保持者であったポーラン資料が所蔵されるフランス国立現代出版資料研究所（IMEC）内の未刊行文書を元に、デュビュッフェ／ポーラン間の書簡集が刊行された際のことだった。[7] 編纂者の一人マリアンヌ・ジャコビは同書簡記述を、柔らかく、流れるような物体が描かれるサルヴァドール・ダリの絵画を連想させるものと述べ、「つばめの巣のスープ」や「夢幻状態の胚形質」、「胎児」といったモティーフにシュルレアリスムとの関連性を見出している。[8] また、かたちが精神のなかでゆっくりと形成されてゆくというその様が現象学的である、とも指摘していた。[9]

しかしこの書簡に示唆されているのは、シュルレアリスムや現象学との関連性のみなのだろうか。さまざまな着想源が推察されるこの奇妙な書簡記述に関して、本稿で取り上げたいのはアンリ・ベルクソン（一八五九～一九四一）という参照項である。一九四五年、画家は詩人フランシス・ポンジュと共作詩画集『物質と記憶』を刊行していた。(10)詩人による散文詩と画家による石版画《リトグラフィ》三十四点からなり、ベルクソンによるあまりにも有名な著作名を冠した同集はこれまで、デュビュッフェ研究においてもポンジュ研究においても、往々にしてベルクソン哲学を揶揄するものとして解釈されてきた。(11)物質感の際立つ厚塗り絵画によって知られる画家デュビュッフェと、『物の味方』（一九四二年）を代表的著作とする詩人ポンジュが「物質主義者《マテリアリスト》」とも呼ばれてきたとすれば、彼らの理念は「観念主義《イデアリスム》的なベルクソン哲学とは相容れない」ものとみられてきたのである。(12)この画家と詩人が、ガストン・バシュラールやジャン＝ポール・サルトル、モーリス・メルロ＝ポンティと相関的に語られてきたなか、彼らによって批判され、一九三〇年代にはすでに乗り越えられるべき過去の存在ともみなされていたベルクソン哲学が否定的にみられたのは、自然な流れでもあっただろう。(13)最晩年には多くの書籍を手放していたデュビュッフェによる読書経験の詳細は明らかとならず、この画家がベルクソン著作にどれほど通じていたのかは不詳である。(14)しかし本稿でみるように、内容や語彙からしてベルクソンを想起させる記述を、デュビュッフェは数多く残している。以下では一九四〇～五〇年代のデュビュッフェによる造形作品展開をそうした記述とともに辿り、そこで鍵となっていた「物質性《マテリアリテ》」の意味を、ベルクソンという参照点から明らかにすることとしたい。

一　「胎児のような絵画」

（一‐一）「胎児」、「ブリュット」、「パン生地」

まずは先にみた一九四四年の書簡記述を、いまいちど詳しくみてみよう。ここでデュビュッフェが語っていたのは、「パリの光景《ヴュ》」と題した自身の絵画が描き出すところが「パリの光景」そのものではなく、むしろ「パリの光景が精神のなかで形成されつつある瞬間の人間精神の光景」である、との内容だった。そしてそのような動的な様態を、画家は「胎児のよう」と形容したのである。

《パリの光景》(15)(図1)とは、この書簡記述から約一週間前に完成し、書簡宛先であったポーランに贈られた絵画作品である。残念ながら不鮮明な複製図版しか存在しないものの、おおまかな特徴を捉えることはできるだろう。縦八十六cm、横一一六cmからなる油彩画布は、鮮やかな原色に彩られている。空間の奥行きが廃され、水平軸が強調されたその画面は一見して稚拙なもので、「ワイン、木炭」「モード」といった看板が掲げられた建物の窓という窓には、いずれも指人形のような人物が配されている。前景の通りに描きこまれた人物像や、犬にも似た四肢の生き物もまた丸い顔に丸い胴体、マッチ棒のような手足をしており、おそらくポーランはこうした特徴をもって「子ども〔の描画〕のよう」と形容したのだろう。これに対し画家は、同画が「胎児のよう」である、と返したのだった。

「胎児のよう」とは奇妙な表現であるものの、一九四〇～五〇年代の画家の芸術理念を象徴する語として違和感はない。(16)というのも翌一九四五年、画家はみずからの理想的「芸術《アール》」像をあらわす語として〈アール・ブリュット〉なる語を生み出した。「ブリュット」が事物の「天然」、「未加工」状態を指す語であるとすれば、「胎児foetus」とはこれからかたちを変じながら成長してゆく、有機的存在の原初的状態に他ならない。(17)つまり「胎児」とはまさに、「ブリュット」と同様の意味合いを含む語なのである。これと関連してさらに着目すべきなのが、一九五三年、画家が一九四〇年代以降約十年間の画業を総括して刊行した図版書籍題名である。(18)『よい酵母が含まれたパン、生地を焼くのはあなた――ジャン・デュビュッフェのアール・ブリュット』というその題名に諧謔《ユーモア》をもって意味されていたのは、時間の経過とともに発酵が進み膨らむ「よい酵母」を含んだ、不定形な「パン生地」のような存在としてのデュビュッフェ絵画であった。つまり同題名でも、「胎児」と同様、いまだ明確なかたちをもたない、これから具体的なかたちを形成してゆく有機体の原初的段階をしめす比喩が用いられていたのである。

もっとも絵画作品《パリの光景》の画面に立ち返ってみれば、これが変幻する有機体としての絵画であるとは言い難く、画家の記述と実際の作品とのあいだに隔たりがあるとの感は拭えない。書簡で語られていたのは、同作に固有の注解というよりは、むしろみずからの絵画制作全体にかかわる理念、あるいはこれからの制作の抱負であったとみたほうがよいだろう。先述のように、この書簡記述からまもなく画家は大規模なアトリエへと引越し、以後さまざまな絵画技法を生み出しながら、物質性を特徴とする実験的な造形制作を行ってゆくのである。

（一-二）　ベルクソンという着想源

さて、絵画面を「胎児」に喩えつつ、そこから徐々に形成される「かたち」が「魚類や両生類」の「いまだ消されていない追憶rappel」、「大昔の記憶souvenir」をともなうのだと語られた書簡は、一見異様で不可解きわまりない。とはいえベルクソンという参照点をもってすれば、ここから連想されるのは『創造的進化』（一九〇七年）ではないだろうか。チャールズ・ダーウィンのそれとは異なる独自の進化論的視点にもとづきながら宇宙生命の雄大な時間の流れがしめされたその第一章においては、「胚embryonの発達」が「かたちの絶え間ない変化」として、「持続の記録、現在に残存する過去、したがって少なくとも有機的な記憶のような外観をもたらす」ものであると語られている。[19] 生命の現実《レアリテ》の本質が、予見不可能な、絶え間ないかたちの生成として論じられた同著は、そのような生成活動が芸術的創造と類比的に語られたこともあり、刊行当初よりキュビストをはじめとした多くの芸術家たちによって手に取られた。[20] 同著で「胎児fœtus」という語が用いられたのは遺伝的形質をめぐる生物学実験に言及された唯一箇所ではあるものの、[21] デュビュッフェもまたこの著作から何らかの着想を得ていたことは十分にうかがえる。

たとえば同著冒頭部において「芸術家による肖像画制作」を例に語られた予見不可能な過程としての造形制作[22]は、デュビュッフェが理想とした造形制作そのものといってよい。偶然性をも取り入れつつ、完成形をあえて定めず手探りに制作してゆくような造形手法の重要性は、画家自身によっても繰り返し論じられた。そのもっとも顕著な例のひとつは、一九四五年執筆の芸術論考『覚書』[23]である。[24]造形芸術をめぐる実践的・理論的記述がそれぞれ数行〜二〇数行ほど、全八十六項目に渡って綴られたこの論考の第一項は「かたちなきかたちinformeから出発して」と題され、画布や紙に落とされた「一点の染み」からはじまってゆく発見法的《ユリスティック》な造形について語られている。デュビュッフェの芸術理念を探る上でとりわけ重要な同論考は、この画家におけるベルクソン、なかでも『創造的進化』という着想源を考える上でもきわめて重要だろう。というのもその第五十四項は、「溶けない砂糖を加える」と題されているのである。

（一―三）「溶けない砂糖」

この題名から即座に連想されるのは、『創造的進化』冒頭、先述肖像画への言及から数十行先でなされた有名な記述である。そこでベルクソンは「砂糖水」を例にとり、以下のように述べていた。

わたしが一杯の砂糖水をつくりたいとするなら、どうあっても、わたしは砂糖が溶けるのを待たなければならない。この小さな事実は、多くのことを教えてくれる。というのもわたしが待たなければならないこの時間はもはや、物質界の歴史全体にも適用される、あの数学的時間ではないのだから〔…〕。その時間とは〔…〕わたし自身の、わたしの持続の、ある一定の部分と一致するものである。それはもはや思考されたものではなく、生きられたものである。なんらかの相関ではなく、絶対である。一体どういうことだというのか。一杯の水、砂糖、そして水に砂糖が溶けるその過程が、おそらくはそれぞれ抽象であり、そしてわたしの感覚と悟性によって切り出されたそれらが存する〈全体〉が、おそらくはひとつの意識のように進展するのでないというならば(25)

こうして哲学者は、生命の「現実《レアリテ》の本質」であるという「持続」の概念を、「何分何秒」とのように数値化できない、つまりはその人の心もちによって長くも短くも感じられもする「絶対」的な、その人に固有の「生きられた」時間として定義したのだった。他方、デュビュッフェが「溶けない砂糖を加える」と題して語ったのは以下のような内容である。

芸術作品とは、一瞬のうちに汲み尽くされてしまうような、ひとつの意味に限定されたものではなく、あるいはまったく意味のわからないものでもなく、膨大な意味 signification と方向 sens をもつものでなければならない。つまり精神が〔…〕けっして終わりに行き着くことのなく進み込む、道のりを開くような〔…〕(26)

一見すると、この記述はベルクソンによる「持続」の概念と直結するものではない。とはいえここで「どれほど待っても溶け切ることのない砂糖水」に喩えられているのは、芸術作品を前に、「精神」が終わることなく「進み」続けるさまに他ならない。その「道のり」において精神は、作品からさまざまな「意味」を「切り出し」――つまり「抽象」し――続ける。それはまさに、ベルクソンによって述べられた「ひとつの意識のように進展する」「〈全体〉」としての芸術作品といってよいだろう。そしてそれは同時に、「胎児」や「パン生地」のように、成長あるいは発酵しながら、かたちを変え続ける存在ともいえるのである。

二　デュビュッフェ絵画の物質性

ところで前述のように、これまでデュビュッフェにおいてベルクソンの存在が否定的にみられてきたのは、この画家がバシュラールやサルトル、メルロ＝ポンティといった、ベルクソンを批判的に論じた次世代の哲学者たちと相関的に語られてきたからであった。[27]「溶けない砂糖」に関していえば、たとえばサルトルは一九四〇年刊行の著作『想像的なもの』の冒頭で「知覚」を「無限の面を備えた現象」として説明し、その継起性を「ベルクソンが言ったように、「砂糖が溶ける」のを待つことの必要性を意味する」と述べてもいる。[29]ケント・ミンターンが論じたように、肖像画をその一例として芸術作品の表象について多くが論じられた同書を、デュビュッフェはおそらくは強い関心とともに手に取っていた。[30]とはいえサルトルが同書で言明したのが「芸術作品において〔…〕画布上に把握されるものは非現実的《イレエル》存在である」との見解であったことを踏まえれば、[31]デュビュッフェの芸術理念はこのような考えとは決定的に異なるものだった。この画家において造形作品とは、現実《レアリテ》そのものだったのである。それがどういうことなのか、そしてそうした理念がどのようにベルクソン哲学と呼応するのか、以下ではデュビュッフェ絵画における物質性を、作品および画家自身の記述を手がかりとしながら具体的にみてみたい。

（二―一）　物質世界と芸術作品

一九四〇年代後半から五〇年代末にいたるまで、デュビュッフェ絵画の「物質性」はさまざまにあらわれた。たとえば一九四〇年代の〈厚塗り〉と名づけられた技法によって油彩が立体的に盛り上がる作品もあれば（図2）、そうした油彩に微細な石礫や藁といった素材が混ぜ合わされた作品も（図3）、また一九五〇年代には、さまざまな種の蝶の羽根を幾枚も貼り付けることによって造形された作品もある（図4、5）。石版画作品《鳥のいる茂み》

（図6）もまた、摺り面に挟まれた実物の葉によって画面一面に葉脈模様がもたらされた作品だった。こうした多様な素材物質を用いた造形制作を説明する最適な記述として、ここでは一九五七年に執筆されたデュビュッフェ論考『跡形《あとかた》*Empreint*』に着目したい。《鳥のいる茂み》を作例とする版画法を〈跡形《あとかた》Empreint〉と名付けた画家は、同名を冠した論考において以下のように問いかけていた。

空や肉体、風、剥き出しの大地のあいだに〔…〕区別がない〔としたら…〕。彼〔＝画家〕はそれらをどのように描くことができるのか。そしてわたしたち〔＝鑑賞者〕はそこ〔＝画家の描き出したところ〕に、何をどのように認識したらいいのか(32)

画家の答えは次のとおりである。

物質世界（もちろんここには精神世界も含まれています）で生起するすべての局面〔…〕は、同じ連鎖の諸要素であると断言します〔…〕であるからこそ、こうも断言するのです。インクの染みたわたしの紙片上にあらわれる騒々しい鳥たちのかたちは本物の鳥たちと同じ素性のものですし〔…〕、一部では本物の鳥なのだと〔…〕(33)

つまり画家によれば、油彩やインク、あるいは蝶の羽根や葉といった造形素材と、その素材をもって表象される事物や生物は、物理的にいって隔たりがない。こうした考えは、先述の論考『覚書』においてもすでにしめされていた。というのも同第六十一項は「生物と無生物のあいだは、ただ程度の違いの問題である」(34)と題され、あらゆる物質存在を同じ地平上にみなそうとする姿勢が明らかにされていたのである。

《数多くの存在》(図7)は、こうした理念が象徴された作品のひとつだろう。おそらくは糸を摺面に挟んでなされた〈跡形〉技法による画面全体は混沌としているが、白く細かい紙片が散らされた暗い画面上部は星空のようでもあり、輪郭のはっきりしないさまざまな物体が絡み合う画面下部の広がりは、大地のようでもある。じっさいにこの時期、画家は絵画作品においても同様に空と大地の二層構造をとる、やはり混沌とした風景画を制作していた(図8)。

作品上には「じつに多様な現象のすべてが〔…〕姿をあらわす」。[35] 論考『跡形』におけるこうした言明をも踏まえれば、デュビュッフェにとって版画や絵画といった造形作品とは、サルトルが述べたような「非現実的存在」であるどころか、物質世界の「数多くの」、「多様な」事象が混じり合いながら併存する、現実的存在そのものだったのである。

(二―二) 「持続」する物質世界

このように論考『跡形』においてデュビュッフェは、造形作品を含めたあらゆる存在を同一地平上にみなし、その上で自身を「物質世界の探究者である画家のわたし」と規定している。[36]「物質」や「現実」をめぐるこうした思索の着想源のひとつとして、画家を「物質的現実をもっとも仔細に検討する」芸術家と述べたベルクソンを挙げることは的外れではないだろう。[37]

ここでふたたび『創造的進化』に立ち戻ってみれば、哲学者はその冒頭で、わたしたちが「物質的宇宙全体」から切り出して知覚しているあらゆる個物とは安定的な「状態」ではなく、過渡的な一「傾向」に過ぎないとの見解を述べていた。[38] その記述によれば、「宇宙は持続する」。[39] こうして哲学者は、無機/有機にかかわらずあらゆる物質は各瞬間において変化し続けていること、物質的世界全体の本質的特徴とはこうした絶え間ない生成にあるのだと論じていたのである。そのような世界の持続性を見失わないためには、どうすればよいのか。これに対してベルクソンがしめしたのは、次のような見解だった。「わたしたちは生ける有機体を、限定された物質的対象にではなく、物質的宇宙全体と同列に置かなければならないだろう」[40]。

「物質的宇宙全体の持続性を見失わない」ような認識方法。デュビュッフェが、素材としても題材としても、画面上にさまざまな事物が入り混じる作品制作をもって試みていたのは、生命世界のこのような認識方法の獲得ではなかっただろうか。論考『跡形』において画家は、「木」や「花」といった有機的生命のほか、「わたしたちとは全然異なる存在である埃《ほこり》」を魅力的な存在として語り、自身の版画制作が、人間を「木」や「埃《ほこり》」と「連続した存在」として捉えようとするものであることを語っている[41]。こうした試みが、一九四四年書簡で語られた「瞬間」を捉えるような画布の模索と軌を一にしていたことは、次のような記述からも明らかである。画家は、作品支持体である「紙面」[42]は「事象がうよめく世界を、〔…〕人間の目にはみえないけれど現実に存在する世界を〔…〕一瞬において捕え」るのだと述べ、次のように続けていた。

> なぜ、それらはみえないのでしょうか。なぜならあまりに変化に富み過ぎているから、諸々の状態があまりにも束の間だからです〔…〕[43]

〈跡形〉技法による版画作品のひとつ、《空の荷車と馬》（図9）をみてみたい。暗い画面に、流れる液体のような白い形象が、摺りの段階で挟まれたとみられる数本の糸屑の跡と、細かく散らばる白い斑点ともに浮き上がる。題名に示唆された「荷車」や「馬」の輪郭はしかし、はっきりとはみとめられない。もしかするとここで暗示されているのは、「荷車」にも「馬」にもみえながら絶え間なく輪郭を変じてゆく、空上の雲なのかもしれない。じっさい画家の記述によれば、作品のなかに「眼あるいは精神」が捉えるのは、「あるひとつの瞬間の外観のみならず、未来でもある」という。[44] いずれにせよ画家は、このように輪郭の不明瞭な、さまざまな物質が画面上に入り混じる版画作品をもって、「瞬間」という、捉え難い現実の一断片を捕えようとしたのだった。

三　《パリの光景》から、《質感学《テクスチュロロジー》》へ
――一九四〇〜五〇年代、デュビュッフェ絵画作品の展開

さて、論考『跡形』は文芸雑誌『新文学』上で二〇頁に渡って掲載された長大な論考であり、その内容は〈跡形〉技法による版画作品のみならず、画家による造形実践全体に関わるものであったとみてよい。同論考を執筆した一九五七年春時点で、デュビュッフェはかつて一九四四年書簡で述べたところ――「瞬間」を捉えるような画面の実現――に成功していたと考えていたのだろうか。たとえ版画制作においてそうであったとしても、この画家がもっとも重要視していた絵画制作においてはいまだ模索が続いていたとみられる。デュビュッフェ絵画に転機がおとずれたのは、おそらくこの年の秋だった。というのもこの時期の絵画制作をめぐって、画家は以下のように述べているのである。

うれしいことに、一九四三／四四年の制作で扱っていたのと同じような主題を扱った〔…〕情景や人物を描く画布のいくつかにおいてあたらしい技法を用いたところ、当時〔＝一九四〇年代初頭〕苦闘しつつも遂に得られなかった効果が得られた〔…〕[45]

ここで述べられた「情景や人物」が描かれた「一九四三／四四年の〔…〕画布」とは、《パリの光景》のような絵画作例に他ならない。とすれば「当時苦闘しつつも遂に得られなかった効果」とは、一九四四年書簡で言及された「瞬間を〔画布上に〕定着させ」うるような造形的効果を指すものと考えてよいだろう。一九五七年にようやく得られたその「効果」、またそれを生み出すこととなった「あたらしい技法」が具体的にいかなるものなのか、画家は明記していない。とはいえ手がかりが無い訳ではない。先のような記述に続いて画家は、「効果」が得られた作例のひとつとして、「扉」を描いた作品（図10）を挙げているのである。

（三―一）《扉》から、《地形図《トポグラフィ》》、《質感学《テクスチュロロジー》》へ

扉が主題となったこの時期の油彩画布のひとつ、《シバムギのある扉》をみてみたい（以下、《扉》と略記）。真正面から画面いっぱいに大きく描かれた木の扉の足元に、迫る波のようにシバムギが生い茂る。素描や水彩としても複数点が残るこの風景は、当時画家がパリと行き来しつつ暮らした南仏ヴァンスの邸宅付近のものである。

同作によってようやく得られた、と述べられた「効果」とは、いかなるものなのか。《扉》の画面中、たとえば油彩面を引っ掻くことによってあらわされた扉の木理《もくめ》の表現は一九五〇年代初頭の作品からみられたものであり、またシバムギの茂る地面部分に用いられている〈アサンブラージュ〉〔＝寄せ集め〕と名付けられたいわゆるコラージュ技法は一九五三年に開始されたものなので、「あたらしい技法」とはいえない（図11、12）。ここで着目すべきは、《扉》をひとつの出発点として開始されたのがシリーズ《地形図《トポグラフィー》》、《質感学《テクスチュロロジー》》であった、ということだろう。先に引いた記述は、「一九五七年九月一日〜十二月三十一日制作の絵画に関する覚書」と題された記述冒頭の一部なのである。[46] 五〇点近い画布からなる《地形図》・《質感学》は、さまざまな質感《テクスチュア》を描き出した画布を切り取り、その断片を集め、大きな画布上に貼り付けるという〈アサンブラージュ〉技法を用いた作品群である

（図13、14）。画家の記述によれば、これら「《地形図》のために制作していた油彩画布を切断せずに一面として提示することを思いついた」[47] ことから生まれたのが作品群《質感学》だった（図15〜19）。六〇点以上を数える《質感学》の画布の多くは、鉱物のような物質を連想させながら、その表面の「質感《テクスチュア》」を拡大したかのような描写が、画布一面を埋め尽くす。

ここで作品《扉》の画面に立ち返れば、その画布を構成するのは大きく四つの色面――扉と、扉下の白っぽい石壁、扉左右の灰色の石壁、そしてシバムギの茂み――であった。いずれも篩にかけた粉のような白い色斑点が散らされたその色面は、光に反射してさまざまな表情をみせる扉の木理《もくめ》や壁の石肌を絶妙に描き出している。このように、微細なきらめきを発するような物質《マティエール》／素材の質感《テクスチュア》描写を取り出し、《扉》のように具体的な場所を示唆することなく、まるで脈絡なく画布一面に拡げたのが、《地形図》、およびそこから生まれた《質感学》だったのである。

（三−二）「瞬間」と継起的なまなざし

さて、あらためて一九四四年の書簡記述へと立ち返ってみれば、そこで「胎児のような絵画」と形容されていたのは、画布上の題材がひとつの固定した図像ではなく、観者の側でぼんやりとした光景《ヴュ》として形成されてゆくような絵画経験のことだった。そうした経験に必要とされるのは、ある程度継起的なまなざしだろう。一九四〇年代前半より模索した造形的「効果」が遂にもたらされた、と画家自身によって述べられた《扉》の画面は、具象性の高いものである一方、変化に富んだ質感描写から思わず近づいて画布表面を、つまり図よりもむしろ地をじっくりとみつめたくなるような画面といってよい。同作から開始された《地形図》、とりわけ《質感学》に関していえば、そもそもこれらの作品には地しかない。細かな粒子の広がりによって不思議に奥行きを湛えもする《質感学》のような画面は、観者のまなざしを引き留めるものといってよいだろう。画家が模索していたのは、こうした瞬時に終わることのない、一定の時間幅をもった視覚体験を誘発するような絵画面ではなかっただろうか。

いずれにせよ画家が、一九四四年の書簡において述べたような「画布上に固定」すべき「瞬間」を模索し続けたのであれば、そのような模索の到達点が《質感学》に見出されていたことはうかがえる。というのも先述のように《質感学》が《地形図》から生まれた作品群であったとすれば、画家は一九五九年には《質感学》と同様の外観をしめす版画作品群《現象《フェノメン》》を制作した（図20）。そしてこれらをほぼ最後の作例として、一九六〇年、画家は国内美術館では初となる大回顧展を開催したのである。[48] ルーヴル宮内パリ装飾美術館にて油彩二〇五点、素描・水彩一八〇点、版画六点、立体十一点、計四〇二点が展示された同展は、一九四〇年代以降のデュビュッフェ画業を総括する大規模な機会であった。こうした事実をも踏まえれば、《パリの光景》から《質感学》という、造形的にかなり隔たりのあるデュビュッフェ作品を一貫した絵画的模索とみることは、きわめて自然な解釈ともいえるだろう。

じっさいに大回顧展時カタログ巻頭に掲載された論考は、一九四四年書簡の延長線上に読むことができる。[49] というのも同論考は、画布上に「定着すること」が試みられた「瞬間」を語ったものと思われる記述とともに、はじまるのである。

何かをみるvoirとは、なんと難しいことでしょう！何であれ、人がみるvoirものは即座に脳によって消化吸収され、その胃液に触れ、完全に変質してしまう。漠然とみるentrevoir、なんてことはここで終わってしまうのです〔…対して〕絵画は、次のことをいっぺんに再現することができます。つまり、ぼんやりとしたまなざしregard inattentifのほんの束の間の局面や、情景が、その情景がみえているapercevoir人に投影するところ、そしてその人がみずからのまなざしに投影し返しているその情景。これらすべてを混ぜ合わせて、一度にもたらすことができる。一枚の絵画はこれほどまでに流動的な、はかない現象の働きを定着させることができるのです[50]。

画家はこのように述べ、「一、〇〇〇分の一秒」のような短い間にじつはそれをみている本人が気づかないほど無数の現象が展開していること、絵画はそうした無数の現象を内包する「瞬間」を、その流動性を失うことなく描き出せるのだと述べる。続いて「絵画とは眼ではなく精神に働きかけるものである」と明言し、「足元の地面」のようなもっとも身近な題材を扱う自身の絵画とは、普段忘れ去られている諸々の事物を「蘇らせるréhabiliter」ものであると語った上で、画家は以下のように論考を締めくくった。「ヴェールなしに〔…〕剥き出しの状態で。すべての事物は、まずその最低限に帰されなければならないのです」[51]。

さて、『みえるApercevoir』と題されたこの論考は、一九四三年から一九五七年末、つまりほぼ《パリの光景》から《質感学》までの作品を一挙に展示した一九五八年開催の個展に際して執筆されたものである[52]。その語彙と内容は、ベルクソンによる芸術をめぐる記述をつよく連想させるものといってよいだろう。以下では同論考記述と作品群《質感学》とを、ベルクソンによる「芸術」をめぐる記述と照らし合わせながら、あらためて検討してみたい。

四　精神と物質の交叉点としての絵画

周知のとおり、ベルクソンが直接的に芸術を論じた著作はない。とはいえ『笑い』(一九〇〇年)においてなされた断片的記述、およびこれとほぼ同様の議論が繰り返された講演『変化の知覚』(一九一一年)によって、この哲学者による芸術観ははっきりとしめされているといってよい。たとえば現実とは不分割の継起的変化であること、ゆえに通常の認識方法ではどうしても捉え難い存在であることを語った後者冒頭において、ベルクソンは次のように述べている。「変化について考え、そして変化を目にするvoirためには、あらゆる先入観のヴェールを取り除かなければならない」。(53) その上で哲学者は、事物とわたしたちのあいだに「ヴェール」が介入しないような知覚行為を可能とする営みとして「芸術」を、なかでも「画家」によるそれを引き合いに出した。哲学者によれば、画家たちは慣例的で体系化された「日常的経験」においては「色あせた姿《ヴィジョン》」と化している現実《レアリテ》世界を真の姿のもとに取り出し、「画布の上に定着」する。(54) こうした画家の仕事によってもたらされたあらたな知覚様態によって、わたしたちは現実という物質的世界を「輝かしく、はかない姿」のもとに再発見することとなるというのである。(55) ベルクソンによるこのような芸術観は――かすめる程度ではあるものの「芸術」の語に言及された――『物質と記憶』や『創造的進化』といった著作においても繰り返されている。

（四―一）「瞬間的な光景《ヴュ》」の知覚

さて、デュビュッフェによる論考『みえる』において語られた、「脳によって消化吸収され、その胃液に触れ、完全に変質してしまう」というのは、視覚が捉えた対象が情報的に処理されることによって意識内で概念化されること、たとえば視界内の赤い物体が主体によって「りんご」と識別されるような日常的知覚経験の過程である。画家が絵画上に体現しようとしていたのは、そうした習慣的概念化が関与しない段階にある知覚、画家の言葉を借りれば「一、〇〇〇分の一秒」のような短い時間のうちに、はっきりと認識することなく無数の事象を捉えている「まなざしの束の間の局面」であった。(56)

興味深いことに――この半分の時間ではあるものの――、「わたしたちが瞬時に識別することのできる時間の最小間隔は五〇〇分の一秒」であることを、ベルクソンは『物質と記憶』第四章において、生理学研究を引用しながら語っている。(57) このように短い感覚をわたしたちがじっさいに余すことなく知覚できるのかといえば、答えは否である。わたしたちは通常、無数に連なる現象の数々を削ぎ落とすことによって知覚している。であるから哲学者は述べたのだった。「知覚することは不動化することを意味する」のだ、と。[58] 本稿冒頭で述べたように、『物質と記憶』は一九四五年、デュビュッフェとポンジュとの詩画集題名ともなった著作であり、画家が同著を手に取り、頁をめくることが一切なかったとは考え難い。しかも右に述べた箇所は物質と精神をめぐるベルクソンの考えが凝縮された、同著の結論部ともいえる箇所である。「芸術」の語も言及されるその内容は、一九四四年のデュビュッフェ書簡記述、および鮮やかな原色が用いられた絵画作品《パリの光景《ヴュ》》を考えるうえでも興味深いだろう。というのもベルクソンはここで、物質的世界をその持続性を失わずに捉えることができるとき、わたしたちは「事象の内にある歴史の、莫大な期間〔…〕をその都度飛び越えながら、ほとんど瞬間的な光景《ヴュ》を得ることができると述べる。しかもそのような「瞬間的な光景《ヴュ》」は、「絵画的」で、「その色彩はとてもはっきりとしていて、もっとも基礎的な反復と変化の無限性を凝縮している」[59]と記しているのである。曰く、そのような継起的瞬間を捉え、つなぐことができれば、わたしたちは「物質から、おそらくは想像力を疲れさせはするだろうが、しかし純粋な視覚《ヴィジョン》を手に入れることができる」[60]。そうして言及されたのが、「誰しもの目に「走る人間」として映る」、動性を凝縮した「像《イメージ》」であった。哲学者がこうした動的「像《イメージ》」こそ「芸術が再現する」ところなのだと述べたとすれば[61]、一九一〇年代、その理論にベルクソンを明確に取り入れ、しばしば鮮やかな色調の画面によって「動き」を直截的に表象しようとした画家たち――たとえばジャン・メッツァンジェやウンベルト・ボッチョーニ、フランティセック・クプカ――は、こうした記述に反応したのだろうか(図21〜23)[62]。彼らの実践に対し、デュビュッフェ絵画において明らかな運動性は描き出されない。むしろ《パリの光景》から《質感学》に至るまで、デュビュッフェ作品は徐々に色彩を減じ、静的かつ内省的な絵画面へと推移していった。

　とはいえこの箇所におけるベルクソン記述をより慎重に読んでみれば、《質感学》に結実するようなデュビュッフェ絵画は、まさに哲学者が語ったような「瞬間」の知覚を、つまり物質世界の持続性を凝縮したその「瞬間」の知覚を模索するものであったようにも思われるのである。

（四－二）「純粋知覚」における物質の感性的性質

この『物質と記憶』第四章最終部においてベルクソンは、従来の観念論《イデアリスム》と実在論《レアリスム》双方を批判的に検討しながらみずからの論点を浮き彫りにしている。物質的空間と時間をすべて観想的なものと帰する観念論《イデアリスム》にも、また空間や時間を感覚や意識と完全に別個の次元とみなす実在論《レアリスム》にも与することなく、わたしたちはいかに諸物質のもつ感性的性質から継起的瞬間を捉えることができるのか。換言すれば、無数に連なる現象としての現実《レアリテ》を、その流動性を失わずに知覚することは、いかに可能であるのか。

ベルクソンによれば、それは物質的次元と精神的次元が交叉する地点、つまり彼が「純粋知覚」と呼ぶところの、記憶をまったくもたない精神による知覚においてであった。たとえば赤い球体が「りんご」と認識されるのは、「りんご」という果実を既に知っているから、つまり「りんご」の記憶を持ち合わせているからである。そうした記憶を一切持たない精神があったとすれば、そのような精神は目に映るあらゆる物質を、それそのものとして知覚する他ない。こうして「純粋知覚」がおこなわれるとき、精神は「物質の一部をなす」[63]、というのである。

〔…〕解釈や計測をめぐるあらゆる既存の考えを取り払い、直《じか》の現実《レアリテ》と対面してみよう。そうすれば、知覚と知覚されたものと〔…〕のあいだには、もはや乗り越えられない隔たりも本質的な相違も、実際的な区別すらも〔…〕もはや見出されない[64]

こうした記述をもって、いまいちどデュビュッフェによる絵画作品《質感学》の画面をみてみたい。物質の断片を顕微鏡で覗き込んだかのような画布は、明確な図式がないゆえに不思議な深みを湛え、観者に一瞬画面との距離感を失わせる。もっといえば、観者は微細な粒子が広がるその画面へと入り込み、その内部に浸るような感覚を味わうことともなるだろう。

また同作品群の画面がとりわけ触覚に訴えかけるものでもあるとすれば、着目すべきことにこの箇所でベルクソンは、ある対象の視覚的知覚において網膜にもたらされる図像《イメージ》が、わたしたちの知覚経験全体がもつ連続的過程のひとつに過ぎないことも述べていた。つまり「すべての感覚は延長を分有している」のであり、視覚は絶対的な感覚ではない。「視覚的なかたちや立体感、距離感は、触覚的知覚の指標ともなる」のである。[65]哲学者によれば、「純粋知覚」がおこなわれるとき、わたしたちは物質的対象がもつ図式的・等質的運動性とは無関係の多様な感覚を呼び起こす。そのとき物質のもつ感性的諸性質は精神と融合し、「持続のなかに広がり、溶ける」[66]のである。

（四―三）　感性的性質に凝縮される「継起的瞬間」

ベルクソン記述との親縁性を考えるうえでさらに着目に値する点として、最後に《質感学》の装飾的ともいってよい画面描写が、ほとんど文脈を廃されたものであるという点に立ち止まっておきたい。

哲学者に従えば、たとえば〝赤色〟や〝球体〟といった物質の感性的諸性質は通常「わたしたちの知覚においては記憶によって裏打ちされてあらわれる」[67]ため、瞬時に「りんご」へと還元されてしまう。対して記憶をもたない精神において、それらは一定の概念に結びつけられることのないまま、つまり〝赤色〟や〝球体〟といった感性的性質そのものとしてあらわれる。ベルクソン曰く、感性的諸性質に凝縮された「継起的瞬間」を、つまり現実《レアリテ》の「持続」を捉えることが可能となるのは、まさにこの地点＝精神と物質の交叉点においてであった。

　このように、精神を識別や判断を生むことのない、最も低次の段階へと下げようとするならば、輪郭線の一切ない不確定な視覚を提示する《質感学》のような画布は最適といってよいだろう。《都会の濡れた路面》（図15）や《砂っぽい地面》（図17）といった比較的具体的な題名をもつ数点の画布をのぞけば、《質感学》のほとんどの画布題名は明確な意味をなさない（図16、18、19）。じっさいに画家は同作品群を「足元の地面」を描いた画布であると述べながら、これらが「星空」にも「大海原」にも、また「布切れ」にもなりうる画面だと語っていた。[68]
あらためてベルクソンが論じた「純粋知覚」に立ち返れば、こうした知覚があらわれる地点とは、他方で記憶という精神の働きがあらわになる地点でもある。「赤い球体」を「りんご」と判別する現在の知覚が過去の延長線上に成り立つように、ベルクソンによれば「わたしたちの記憶は〔…〕現在へと、過去を引き延ばす」。[69] こうしてわたしたちの知覚は、そこへ動員される過去の記憶の豊富さと強度に応じて、それ自体で多様な現在と、そして未来をもたらすこととなるのである。このような精神の働きを「自由の強度」と述べたベルクソンは、以下のように記している。

　現在のなかにいること、それも絶えず再開する現在のなかにいること、これが物質の根本的法則である[70]

　こうした言明は、《パリの光景》から《質感学》という、一九四〇〜五〇年代のデュビュッフェによる一連の絵画的模索を理解する上でも示唆的だろう。薄塗りの油彩で緻密な描写がなされた《質感学》の画布群は、雨上がりの路面やざらついた砂っぽい地面といった、各人がそれぞれに経験したことのある卑近な地面の数々にも、鉱物表面の拡大図にも、あるいは水滴のついたガラス窓にも、つまりは観者の想像力に応じて、いかようにもみえうる。それつまりこれらは、観者につねに判断を刷新させ続け、知覚をあらたに生成させ続けるような絵画なのである。それはベルクソンの言葉を借りれば、「絶えず再開する現在のなかにいる」ことを可能とする絵画ともいえるだろう。

五　絵画の力

ここまで一九四〇～五〇年代のデュビュッフェ作品における物質性を、画家自身の記述とともに、ベルクソン哲学を参照点としながら考察してきた。かつて「胎児」や「ブリュット」、焼かれる前の「パン生地」といった、つねに原初状態にある、有機体の比喩をもって表現した芸術理念のもと、さまざまな試行錯誤の果てに画家が辿り着いたのは、不確定な物質の質感をごく微視的に、ひたすら緻密に描き出す絵画群だった。仄かにきらめく鉱物の表面を思わせる微細な質感が描き出された《質感学》は繊細かつ静的といえ、デュビュッフェ作品のなかでも特異な作品群といってよい。それだけではない。一九五〇年代前半までの先行諸作品が、粗い筆触や絵画面の厚みによって絵画面の物質感を強調する（図1）、物質素材そのものを画布上に提示する（図2～5）、あるいはインクや絵具という造形素材の物質性を強調する（図6～9）ものだったのに対し、《質感学》は画布上に施されたきわめて薄塗りの油彩のみからなり、その画面表面にいわゆる絵具の物質感《マティエール》はない。つまり同作で達成されたのは物質性そのものの提示ではなく、物質性の再現だった。画家が辿り着いたのはこのように、きわめて模倣的《ミメティック》かつ錯視的《イリュージョニスティック》な絵画だったのである。デュビュッフェの芸術理念を明らかにする上で、この事実は重要な意味をもつように思われる。ここまでみてきたベルクソン哲学との親縁性を踏まえながら、最後にその意味を考察しておきたい。

（五―一）「みえるapercevoir」

ここで着目したいのは、一九四〇～五〇年代のデュビュッフェ画業を実質的に総括するものであった論考が『Apercevoir』と題されていた点である。動詞「apercevoir」とは暗がりや遠方といった不明瞭な視界のなかで対象が瞬間的に目に入るような視覚行為のほか、「悟る」といった知性的行為をも意味する語で、[71]「みる」や「みつける」、あるいは再起代動詞となれば「気づく」とも訳出できる。ここでは試みとして、「みえる」と訳してみた。画家がこの語とともにどのような行為を想定していたかは、先に引用した冒頭箇所で述べられていたとおりである。つまりそれは「流動的な、はかない現象の働きを定着させることができる」ような、稀有な知覚行為に他ならなかった。

ところでベルクソンにおいても、この「apercevoir」の語が効果的に用いられている論考がある。講演『変化の知覚』である。その記述によれば、「芸術のねらい」とは「自然界〔＝物質界〕のなかに、そして精神のなかに〔…それまで〕わたしたちの感覚や意識をはっきりとは捉えていなかった」[72]事象の数々を見出させること以外何ものでもない。「画家」が描き出すところとは「わたしたちが知覚percevoirしてはいたけれど、みえてapercevoirいなかった現実」なのであり、[73]そうした視覚作品をもってわたしたちにも「画家が現実にみいだしたaperçuものが、みえるapercevoir」ようになるのである。[74]なぜ、一般に見落とされる現実の事象が芸術家には「みえるapercevoir」のか。ベルクソンによればそれは、「芸術家が、感覚や意識を生命活動に結びつけていない」からである。[75]一般に人は生きるために知覚しているのであって、知覚するために知覚しているのではない。一定の予見のもとに多くの要素を取捨選択したうえで知覚するからこそ、わたしたちは円滑に事象を認識し、滞りなく日常生活を送れる。対して芸術家は、こうした生命活動上の利便性を度外視して知覚する。いわば、「知覚するために知覚する」[76]のである。哲学者によればこうした予見の働かない無償の知覚行為こそ、現実を「真の姿」で捉えることを可能とするのだった。

さて、一九四〇～五〇年代のデュビュッフェ絵画とはまさに、「知覚するために知覚する」、つまり判断のためでなく、「みる」ことそのものが行為の中心となるような視覚体験を引き出すべくなされた一連の試行錯誤であったといってよい。じっさいに《パリの光景》と《質感学》のちょうど中間に位置する作例、一九五〇〜五一年制作の油彩・水彩・線描画群《ご婦人のからだ》（図24）に関して、画家は以下のように記していた。

わたしの意図は、線描《デッサン》が、いかなる決定的な図《フィギュール》ももたらさない〔ようにする〕ことでした。むしろ反対に、図《フィギュール》があれやこれやの特定のかたち《フォルム》をとるのを阻止し、漠然とした、そして非物質的な状態にとどめるような線描《デッサン》を、意図したのです(77)

このように述べた画家はまた、絵画面内で女性裸体像が「あまりにも具現化〔物質化〕prendre corpsしすぎる」のを妨げるような「物質的な諸要素」を、つまり「女性の身体とは無関係な、樹皮や岩壁を連想させる質感」を付したと述べている。題材の明瞭な表象にとっては邪魔としか言いようがない画布上の造形性は、題材を識別するという知覚行為ではなく、いわばみるためにみる行為を促すものといってよいだろう。画面のなかに女性の肉体をみとめようとするとき、樹皮や岩壁といった要素は何の意味をもたない。それはたとえばベルクソンが、「大脳は役に立つ想起群を現働化させ、何の役にも立たない想起群は意識の地下にしまったままにしている」(78)と述べたところの後者にあたるものである。効率的な知覚行為にはまったく「役に立たない」造形性を付与し、意図的に不明瞭な画面を提示する——おそらくはこのような手法によって、画家はみるためにみるような行為を引き起こす効果を模索し続けたのだった。

（五—二）「絵画の運動学《シネティック》」

固定的な図像《イメージ》を生み出す行為に他ならない絵画や描画に従事しつつ、デュビュッフェはむしろ変幻するかたちを、いわば「かたちならぬかたち」を体現するような絵画を模索した。この点に関して興味深いのが、ベルクソンが『創造的進化』第四章でおこなった記述である。現実の「持続」性を知覚することの困難性が語られたその章で、哲学者は「生のしなやかさや多彩さ」が「再現されえない」わたしたちの日常的な認識形式を「映画的《シネマトロジック》」と形容していた。[79] 曰く、「映画《シネマトグラフィー》」が連続的に投影された静止図像の連なりであるように、わたしたちが日々おこなっている認識の運動性もじつは擬似的なものに過ぎない。しかし現実の真の姿は、スナップ写真的静止図像をつなぎ合わせるような形式では捉えられないのである。というのも、

> 現実には、物体はいかなる瞬間においてもかたちを変えているのである。あるいはむしろ、かたちなどない。というのもかたちとは不動のものであり、現実《レアリテ》とは動きだからだ。現実世界《レエル》とは、かたちの絶え間ない変化なのである[80]

であるから、続けて哲学者は述べたのだった。「静止した画像では、動きは再現できない。画像《イメージ》のどこかに、動きがなければならない」[81]のだと。

興味深いことに、デュビュッフェによる論考『覚書』には「絵画の運動学《シネティック》」と題された項がみつかる。[82] そこで画家が語ったのは、まさに静止図像である絵画がみる人の精神のなかで「動く」という内容だった。どのようにすれば「動く」のか。その記述によれば、画面上に残された擦れや滲みといった筆触の跡が鑑者の精神に働きかけ、そこから画面は各鑑賞者の「内部で」「駆動される」。画家によれば、「絵画は受動的にみられるものではない」[83]。つまりみる人によって、動かされなければならないのである。

ここであらためて一九五三年の書籍題名――『よい酵母が含まれたパン、生地を焼くのはあなた――ジャン・

デュビュッフェのアール・ブリュット』――を思い出せば、同題名でもパン生地を捏ねて成形し、明確な形をもたらすこととなる「焼く」作業が託されたのは「あなた」、つまり絵画をみる鑑者だった。一九四四年書簡で述べられていたのも、同様の趣旨である。「胎児のような絵画」が描き出すところとは、「パリの光景」というひとつの固定した図像《イメージ》ではなく、むしろ「パリの光景」が鑑賞者の側でぼんやりと形成されてゆく瞬間の「精神内部の光景」であった。これらの記述は、一九四〇年代から一九五〇年代半ばの作例における多様な「物質性」の由来を物語るものだろう。すなわち、さまざまな手法によって物質感が強調されることによってもたらされた不明瞭な画面は、鑑者の能動的なみる行為を引き出すためのものだったのである。換言すれば、絵画面を「動く」ものとするには、鑑者側の一定の努力が必要となる、ということである。

　とはいえ留意しなければならないのは、画家が模索したのが「apercevoir」と形容されるような行為だった、という点である。というのも先述のように「apercevoir」が、意識せずとも不意に「みえる、わかる」ような経験であるとすれば、それは努力によって到達される経験ではないのである。

（五―三）芸術の力

　さて、本節冒頭で述べたのは、一九四〇〜五〇年代のデュビュッフェ絵画のうち、《質感学》がそれ以前の作例と決定的に異なっているのはその模倣的《ミメティック》かつ錯視的《イリュージョニスティック》な画面においてである、ということだった。《都会の濡れた地面》や《砂っぽい地面》のように、具体的な「地面」を描写しうる題名が付された画布をみてみたい。たとえこうした題名がなかったとしても、これらの画布は、そこにおのずと「砂っぽい地面」や「都会の濡れた地面」がみとめられるほどの再現性を備えている。水滴に覆われた路面が、街灯や車のライトに照らされてきらきらと輝くさまを、またそれがときに満天の星空のようにもみえることを、わたしたちは知っている。あるいは公園の砂場付近にあるような、細かい砂に覆われたざらざらとした地面を歩いたこともあるだろう。これら各人が過去に経験してきたさまざまな地面という卑近な存在を、脈絡なく、しかし実物と見紛うほど精細に描き出した作品群が《質感学》だった。

このことは、美術史上捉え難い存在として、ともすれば西洋美術史の流れの周縁に位置づけられてきたデュビュッフェの芸術理念がじつのところきわめて西洋古典的なものであったことをはっきりと物語っている。古代ギリシアの画家ゼウクシスの有名な逸話が物語るように、西洋において絵画は詩と並んで、模倣的再現《ミメーシス》の技《テクネー》として考えられてきた。こうした古典的芸術観において、絵画とはまずもってまるで魔法のように、人々に視覚的錯覚《イリュージョン》を与える媒体なのである。デュビュッフェが根底においてこうした芸術観に従っていたのだとすれば、その絵画制作で探求されていたのも、このような魔法的な力に他ならなかった。じっさい画家は論考『みえる』においても、絵画が「わたしたちの日常的な生を素晴らしい祝祭へと変貌させる」（強調筆者）ものであると述べている。デュビュッフェにとって絵画とは、観者の目を惹きつけ、知覚のあり方を変じ、日常を非日常へと変えるものだったのである。こうした芸術観は、「芸術家」を「世間離れした」人々とみなしていたベルクソンにも明らかだろう。[84]哲学者と画家の芸術観は、まさにこうした点においても共通していたのだった。

むすびにかえて

以上、本稿では一九四〇～五〇年代のデュビュッフェ絵画、そこで鍵となっていた物質性を、ベルクソンを参照点としながら考察した。ベルクソン哲学はもちろん、画家の着想源となった数多くの事象のうちのひとつに過ぎない。理念や作品の具体的着想源を示すような固有名詞を明示することを慎重に避けたデュビュッフェの記述においてベルクソンの名が確認されるのは現在のところたった一例だけであり、[85]しかもそこで哲学者の名前は、否定的に引かれている。[86] とはいえこのことはむしろ、この画家が哲学者の著作を詳細に読んでいたことを物語っているようにも思われる。というのもベルクソンが『変化の知覚』の結論部において、「芸術はわたしたちの知覚を拡げてくれるが、それは深層というよりは表層において」であり、「すべての事象が深みを獲得する」のは、ただ哲学によってであると述べたとすれば、[87] 論考『跡形』においてデュビュッフェは――これに対抗するかのように――述べているのである。「世界とは無数の層からなるパイ菓子」のように深みをもった存在であり、絵画とはまさにそうした捉え難い世界を探究するものなのだ、と。[88] さらに同論考最終部で画家は、次のようにも語っている。絵画とは「言葉よりもそれは豊潤で、それは細かな陰影に富んだ言語であり〔…〕、多くの、変化に富む思考をひとつにまとめて言うことのできる言語」、「哲学に最適の表現形式」なのである、と。[89]

興味深いことに、記憶を「未来のための、過去と現在の総合」[90] と呼んだ『物質と記憶』第四章最終部において、ベルクソンは次のように述べている。「なまの物質《ブリュット》と、もっとも省察に適した精神とのあいだには、記憶の可能的な強度のすべて〔…〕自由の段階のすべてがある」。[91] ここで哲学者が言う「もっとも省察に適した精神」とは、哲学的思考と同様に意識的な努力を必要とするものだろう。とすれば画家が試みたのは、努力を要するまでもなく否応なしに観者へと作用するような、そうして精神を「なまの物質《ブリュット》」と交叉させ、あらゆる「現在」と「未来」をもたらすような芸術《アール》の実現だったのである。

注

（1） 本稿で参照するベルクソン記述は、『物質と記憶』、『笑い』、『創造的進化』、『変化の知覚』の四点である。既存の諸邦訳が存在するこれらベルクソン著作を含め、引用文はいずれも拙訳とした。引用中の強調箇所は、特に断りがない限り原文に従う。なおデュビュッフェによる記述は一九六七年、一九九五年にダミッシュによって編纂されたガリマール出版全集（以下*PES.I~IV.*）における頁数に、またベルクソンによる各著作の頁数はいずれも**PUF**カドリージュ版に従う。以下の文献を示す際には略号を用いる。

PAT.：DUBUFFET Jean, *Prospectus aux amateurs de tout genre*, Paris, Gallimard, 1946.

PES.I, II III, et PES.IV：DUBUFFET Jean, *Prospectus et tous écrits suivants I, II, III et IV*, éd. par DAMISCH Hubert, Paris, Gallimard, 1967 (*I, II*) et 1995 (*III, IV*).

Corr. JD-JP.：DUBUFFET Jean, PAULHAN Jean, *Correspondance de Jean Dubuffet et Jean Paulhan (1944-1968)*, éd. par JAKOBI Marianne et DIEUDONNÉ Julien, Paris, Gallimard, 2003.

MM：BERGSON Henri, *Matière et mémoire. Essai sur la relation du corps à l'esprit*, Paris, Félix Alcan, 1896.

RE：BERGSON Henri, *Rire. Essai sur la signification du comique*, Paris, Félix Alcan, 1900.

EC：BERGSON Henri, *L'évolution créatrice*, Paris, Félix Alcan, 1907.

PC：BERGSON Henri, « La perception de changement », deux conférences à l'Université d'Oxford en 1911, dans *La Pensée et le Mouvant. Essais et conférences*, Paris, Félix Alcan, 1934.

（2）デュビュッフェが死去した一九八五年、ダミッシュは『Entrée en matière』と題した論考を執筆した。「題材」や「素材」を意味する「matière《マティエール》」への「入り口」＝「entrée《アントレ》」、という語からなる「Entrée en matière」とは、「導入部、序論entrée en matière」という意味をなす慣用句である。じっさいに同論考は当初、奇しくも追悼回顧展となった展覧会カタログの「序文」として執筆されたものだった。とはいえダミッシュが同題名に意図していたのが単に「序論」という意味のみでなかったことは明白だろう。「物質性《マテリアリテ》」、「物質」は、デュビュッフェとその作品を語る鍵なのである。：DAMISCH Hubert, « Entrée en matière », cat. expo., *Jean Dubuffet. Rétrospective*, Saint Paul de Vence, Fondation Maeght, 1985, pp.13-23, modifié et repris dans DAMISCH Huber, DUBUFFET Jean, *Entrée en matière Correspondance 1961-1985, textes 1961-2014*, éd. par BERREBI Sophie, Paris, La maison rouge et JRP Ringier Kunstverlag AG, 2016, pp. 18-22.

（3）一九四四年四月一日付デュビュッフェ筆ポーラン宛書簡：*Corr. JD-JP.*, p. 66.

（4）この時期のデュビュッフェによる数少ない現存作品として、セザンヌ風の水浴画やブラック風の静物画が残る。これら一九四〇年代以前の作品については、画家の死後刊行された以下の改訂版作品目録第Ｉ巻を参照：*Catalogue des travaux de Jean Dubuffet, fascicule I, Nouvelle édition*, Paris, Minuit, 1993.

（5）一九四四年五月五日付デュビュッフェ筆ポーラン宛書簡：*Ibid.*, pp. 87-89.

（6） じっさい本文でみてゆくように、画家は一九五〇年代をとおしてこのような「瞬間」に言及してゆく。本稿では触れないが、たとえば一九五七年の美術雑誌『20世紀』での対談において画家は、画布上で「現実《レアリテ》」が強烈にあらわれるのが、「画布全体が未決定状態suspensに浸かる〔…〕瞬間」であると述べていた：Dubuffet Jean, « Réponse à l'enquête « À chacun sa réalité » de P. Volboudt », *XXe siècle*, no.9, 1957, repris dans *PES.II*, pp. 201-203 (203).

（7） *Corr. JD-JP*.

（8） JAKOBI Marianne, « Nommer la forme et l'informe. La titraison comme genèse dans l'œuvre de Jean Dubuffet », dans *Genesis*, n° 24, Paris, Jean-Michel Place, 2004, pp.89–104 (96).

（9） *Ibid.*, pp.95–96.

（10） DUBUFFET Jean et PONGE Francis, *Matière et mémoire ou la lithographes à l'école*, Paris, Fernand Mourlot, 1945.

（11） たとえばミシェル・ドラゲは、デュビュッフェによる物質感の強調された造形制作が「観念主義的な《イデアリスト》」ベルクソンを批判し、むしろバシュラール『瞬間の直観』（一九三二年）と呼応するものであると論じている。：DRAGUET Michel, « Jean Dubuffet et ses amitiés belges. Esquisse pour un parcours bachelardien (1944–1951) », *Les Cahiers du musée national d'art moderne*, 77, Automne, 2001, pp. 60–79；こうしたドラゲによる見解は他の美術史研究者たちによっておおむね賛同されたものとみられ、ジャコビ、バティスト・ブランも以下で同様の見解を示している：JAKOBI Marianne, *Jean Dubuffet et la fabrique du titre*, Paris, CNRS Éditions, 2006, p. 33；BRUN Baptiste, *De l'homme du commun a` l'art brut ; « mise au pire » du primitivisme dans l'œuvre de Jean Dubuffet (1944–51)*, Thèse de doctorat non-publiée, Paris, l'Université Paris-Nanterre, 2013, p. 116–119；ポンジュにおけるベルクソン解釈に関してはプレイアッド版ポンジュ全集におけるロベール・メランソンによる以下の注釈を参照：MÉLANÇON Robert, « Notes sur *Le Peintre à l'étude* – Matière et mémoire », dans PONGE Francis, *Œuvres complète, tome I*, Gallimard, 1999, pp. 939–943 (940).

（12） DRAGUET, art.cit., p. 62.

（13） デュビュッフェと哲学者たちの実際的関係は、にわかには捉え難い。文筆家ルネ・ド＝ソリエによる証言を参照すれば、一九四〇年代、バシュラールはデュビュッフェのアトリエに複数回に渡って訪れていた：DE SOLIER René, « Embarras du beau », dans *Dubuffet, culture et subversioni* Aix-en-Provence, L'Arc, 1968, pp. 67–73(68)；またサルトルが主宰した雑誌『レ・タン・モデルヌ』にポーラン、メルロ＝ポンティ、ランブールが参加していたこと等を踏まえてみても、デュビュッフェが彼らときわめて近い交友関係にあったことは明らかである。メルロ＝ポンティは『眼と精神』において同書のランブールによる一文を引用し、デュビュッフェによる絵画実践を「光を、物質《マティエール》のある種の質感《テクスチュア》」としてあらわすものと描写している。ランブールによる記述と時期は錯誤するものの、メルロ＝ポンティがこうした描写とともに想定していたのは、一九五八年に発表された絵画シリーズ《質感学》ではなかっただろうか。：MERLEAU- PONTY Maurice, *L'Œil et l'Esprit* Paris, Gallimard, 1981 (1960), pp. 88-89.

(14) デュビュッフェの読書および同時代作家たちとの交流についてはミシェル・ラゴンによる以下の回想的記述、およびジャコビによる以下の書架研究を参考：RAGON Michel, « Jean Dubuffet, sa relation aux écrivains libertaires », dans *Jean Dubuffet, conférence et colloque lors de l'exposition* Jean Dubuffet, Paris, Galerie nationale du Jeu de Paume, 1992, pp. 36-42 ; JAKOBI Marianne, « Les lectures d'un peintre « ennemi de la culture », La bibliothèque de Jean Dubuffet », dans *Les Cahiers du musée national d'art moderne*, 77, Automne, 2001, pp. 92-123.

(15) 《パリの光景》は一九四四年にデュビュッフェによって制作された五点からなる絵画シリーズである。同年三月、画家はその中の一点《パリの光景、すべての人が窓際に》をポーランに贈った。本稿では同作を《パリの光景》と記す。

(16) デュビュッフェが絵画を「胎児のよう」と語った記述はこの書簡の他にはほとんどみつからないものの、ジョルジュ・ランブールやガエタン・ピコン等、この画家に近しい文筆家たちによる批評文には同様の表現が散見される。ここからも、当時画家本人がこのような形容を用いて自身の実践について語っていたことはうかがえるだろう。たとえば以下を参照：PICON Gaëtan, « Préface », *Dubuffet*, cat.exp., 1960, pp. 15-23, repris sous le titre « Une réalité inchoative », dans PICON Gaëtan, *Les lignes de la main*, Paris, Gallimard, 2006, pp. 210-221.

(17) 一九七〇年代初頭に〈アウトサイダー・アート〉との英訳語が普及して以降、〈アール・ブリュット〉の語はいわば「誤解」されてきた。語の誕生当初一九四〇年代半ばにおける〈アール・ブリュット〉の初期構想に関しては、以下を参照：小寺里枝「〈アール・ブリュット〉の初期構想―一九四〇年代〜五〇年代、ジャン・デュビュッフェの芸術理念」、『第六十六回美学会全国大会若手研究フォーラム発表報告集』、美学会、二〇一六年、一四三〜一五四頁。

(18) LIMBOUR Georges, *Tableau bon levain à vous de cuire la pâte. L'art brut de Jean Dubuffet*, Paris/New York, René Drouin/Pierre Matisse, 1953. 豊富な図版と文筆家ジョルジュ・ランブールによる文章、巻末に掲載された「画家のコメント」からなる書籍。同書の題名および構成が画家によるものであったことは、以下一九五三年八月七日付デュビュッフェ筆ポーラン宛書簡から明らかとなる：*Corr. JD-JP.*, p. 657.

（19）　BERGSON Henri, *EC*, pp. 18-19.

（20）　一九〇〇年代末、デュビュッフェの20歳ほど年長にあたるジョルジュ・ブラックとパブロ・ピカソによって創始され、ジャン・メッツァンジェやファン・グリス、フェルナン・レジェ、デュシャン兄弟といった画家たちによって画壇で発表されていったキュビスム絵画は、一九一〇年代初頭以降にベルクソンと関連づけて論じられてきた。たとえば彼らの作品がサロン・ドートンヌで発表され大きな話題となった一九一一年秋、批評家アンドレ・サルモンは雑誌上に『ベルクソンとキュビスム』、『ベルクソンとキュビストたち』と題した論考を発表し、キュビスムの理論をベルクソン哲学と結びつけた。ベルクソンを引用したのは、批評家たちのみならず画家たち自身でもある。たとえば一九一一年、メッツァンジェは『キュビスムと伝統』と題した論考において次のように述べていた。「絵画《タブロー》には空間がある、つまり絵画《タブロー》は持続のなかに存するものでもある」。：SALMON André, « Bergson et le cubisme », « Bergson et les cubistes », *Paris-Journal*, 28, 30 novembre 1911 ; METZENGER Jean, « Cubisme et tradition », *Paris-Journal*, 16 août 1911, p. 5. ; 一九一〇年代の芸術におけるベルクソン受容についてはマーク・アントリフ、フランソワ・アズーヴィによる以下の研究も参照：ANTLIFF Mark, *Inventing Bergson: Cultural Politics and the Parisian Avant-Garde*, Princeton University Press, 1993 ; AZOUVI François, *La Gloire de Bergson*, Paris, Gallimard, 2007, pp. 218-234.

（21）　BERGSON Henri, *EC*, p. 82.

（22）　*Ibid.*, pp. 6-7.

（23）　DUBUFFET Jean, « Notes pour les fins-lettrés » (1945), dans *PAT*. pp.47-99, repris dans *PES.I*, pp. 54-88（以下、全集における頁数を示す）。

（24）　DUBUFFET, *PES.I*, p. 54.

（25）　BERGSON, *EC*, pp. 9-10.

（26）　DUBUFFET, *PES.I*, p. 79.

（27）　もっともアズーヴィが「サルトルはベルクソンを殺す必要があった」と述べたように、当時の論者たちにとってベルクソン批判は「必要な手続き」でもあった：AZOUVI, *op.cit.*, p. 319.『行動の知覚』（一九四二年）において明確にベルクソンを批判したメルロ＝ポンティが一九五〇年代初頭にはベルクソンに対してより慎重な姿勢をみせることとなるように、ベルクソン哲学が彼らの理論においてきわめて重要な役割を果たしていたことは言うまでもない。

(28) なかでもサルトルとデュビュッフェの関係性に関しては、一九四六年になされたクレメント・グリーンバーグによる批評記事を根拠として長らく当然視されてきた：GREENBERG Clement, 'Jean Dubuffet and French Existentialism', *The Nation*, 13 July, 1946, reprinted in GREENBERG *Clement, The collected essays and criticism vol.2. Arrogant Purpose 1945-1949*, Chicago and London, The University of Chicago Press,1986, pp. 91-92. ; こうしたグリーンバーグ解釈が「誤謬」であったことを論じた論文として、ミンターンによる以下を参照。; MINTURN Kent, 'Greenberg Misreading Dubuffet', in *Abstract Expressionism/ The International Context*, ed.by MARTER Joan, New Brunswick, Rutgers University Press, 2007, pp. 125-137.

(29) SARTRE Jean-Paul, *L'imaginaire : psychologie phénoménologique de l'imagination*, Paris, Gallimard, 1940, p. 18.

(30) ミンターンは以下において、デュビュッフェによる絵画シリーズ《肖像画》をサルトル哲学に反する実践として考察している：MINTURN Kent, 'Chapitre Two: Dubuffet's PostWar *Portraits*: Physiognomic Illegibility, Impossible Exchange' in *Contre-Histoire: The Postwar Art and Writings of Jean Dubuffet*, New York, Columbia University, Unpublished PhD. dissertation, 2007, pp. 79-123.

(31) SARTRE, *op.cit.*, pp. 239-246.

(32) DUBUFFT Jean, « Empreint », *Lettres Nouvelles*, no.48, avril 1958, pp.507-527, repris dans *PES.II*, pp. 134-153(144).

(33) *Ibid.*, p. 137.

(34) DUBUFFET, *PES.I*, p. 81.

(35) DUBUFFET, *PES.II*, p. 136.

(36) *Ibid.*, p. 137.

(37) 一九一一年時点での『変化の知覚』において。同講演内容は実施直後にオックスフォードで印刷されたが、一九三四年刊行『思考と動くもの』に所収する際、ベルクソンは大きく手直しを加えた。この部分は一九三四年版では変更が加えられた箇所にあたる。一九一一年の講演内容が同時代パリでどれど芸術家たちに享受されていたかは不明であるものの、一九一〇年代初頭以降、一部のキュビストや未来派によってじっさいにベルクソン著作が手に取られていたことを踏まえれば、デュビュッフェもまた一九三四年以前より『変化の知覚』のヴァリアントを目にしていた可能性も否定できない。以下、一九一一年講演版と一九三四年著作版の変更点を下線部でしめす：「物質的現実世界をもっとも仔細に検討する芸術においてほど、芸術家の役割がはっきりとあらわになることはない。つまり絵画のことである」« [...] nulle part la fonction de l'artiste n'est aussi apparente que dans celui des arts qui serre de plus près la réalité matérielle, je veux dire la peinture. », BERGSON Henri, « Perception de changement », Oxford, at the Clarendon Press, 1911 ;「その大部分を模倣に捧げる芸術においてほど、芸術家の役割が明確にしめされることはない。つまり絵画のことである」« [...] nulle part la fonction de l'artiste ne se montre aussi clairement que dans celui des arts qui fait la plus large place à l'imitation, je veux dire la peinture. », BERGSON, *PC*, p. 150.

(38) BERGSON, *EC*, p. 10.

(39) *Ibid.*, p. 11.

(40) *Ibid.*, p. 15.

(41) DUBUFFET, *PES.II*, p. 135.

(42) *Ibid.*, p. 136.

(43) *Ibid.*

(44) *Ibid.*, p. 144.

(45) DUBUFFET Jean, « Notes sur les peintures faites entre 1er septembre et le 31 décembre 1957 : TOPOGRAPHIES, TEXTUROLOGIES », dans *PES.II*, pp. 126-131(128-129).

(46) *Ibid.*, なお画家の造語である「Texturologie テクスチュロロジー」に関してはこれまで「地肌学」と訳されてきたが、画家が地面のみならずさまざまな物質の「質感」を意図していたことを鑑みて、「質感学」と訳出した。同作品群に関する日本語の記述としては、たとえば以下を参考：木村重信「デュビュッフェ」、『「絵画」を超える絵画（名画への旅24）』、講談社、一九九三年。

(47) *Ibid.*

(48) *Jean Dubuffet 1942–1960*, Paris, Musée des Arts Décoratifs, du 16 décembre 1960 au 25 février 1961.

(49) DUBUFFET Jean « Apercevoir » (1958), *Jean Dubuffet 1942–1960*, cat.exp.,1960, pp. 25–27, repris dans *PES.II*, pp. 61–62.

(50) *Ibid.*, p. 61.

(51) *Ibid.*, p. 62.

(52) *Jean Dubuffet: Paintings 1943–1957*, 29th April – 23rd May, 1958, London, Arthur Tooth & Sons Gallery. 同展カタログに一部抜粋が

掲載された後、全体が一九六〇年回顧展カタログに掲載された。

(53) BERGSON, *PC*, pp. 144-145.

(54) BERGSON, *PC*, p. 150.

(55) *Ibid.*

(56) DUBUFFET, *PES.II*, p. 61.

(57) BERGSON, *MM*, p. 231.

(58) *Ibid.*, p. 233.

(59) *Ibid.*, p. 234.

(60) *Ibid.*

(61) *Ibid.*

(62) ボッチョーニが主執筆者となった『未来絵画宣言』（一九一二年）においては以下のように述べられている。「わたしたちが画布に再現したい動作とは、宇宙の活力が定着された瞬間以外の何ものでもない」。もっとも同宣言において「色彩画家の知覚」が称賛されたとすれば、未来派絵画における鮮やかな色調は、まずもって印象派および新印象派の流れを引き継ぐものでもあり、また未来派を含め、二〇世紀前半の画家たちによる「動き」への強い関心は、一八九四年に『動き*Le mouvement*』を刊行した生理学者エティエンヌ＝ジュール・マーレイや写真家エドワード・マイブリッジらによる連続写真等、複数の着想源を持つものであった。：« Manifeste des peintres futuristes », *Les peintres futuriste italiens*, cat.exp., Paris, Galerie Bernheim-Jeune, 5-24 février 1912, p. 16. ; ボッチョーニを中心とした未来派絵画におけるベルクソン哲学の取り入れについては以下も参照：ANTLIFF Mark, 'The Fourth Dimension and Futurism: A Politicized Space', *The Art Bulletin*, Vol. 82, No. 4, 2000, pp. 720-733. ; AZOUVI, *op.cit.*, 2007, pp.221-222 ; OTTINGER Didier « Cubisme + futurism = cubofuturisme », dans *Le futurisme à Paris : une avant-garde explosive*, dir. OTTINGER Didier, Paris/Milano, Centre Pompidou/5 Continents, 2008, pp. 20-41. ; クプカにおけるベルクソン受容に関しては以下を参照：LEIGHTEN Patricia, *The Liberation of Painting: Modernism and Anarchism in Avant-Guerre in Paris*, Chicago University Press, Chicago and London, 2013, pp. 163-165.

(63) BERGSON, *MM*, p. 250.

（64） *Ibid.*, p. 245.

（65） *Ibid.*, p. 243.

（66） *Ibid.*, p. 234.

（67） *Ibid.*, p. 236.

（68） DUBUFFET Jean, « Topographies, Texturologies » (1959), *Les lettres Nouvelles*, no.8 (2ème série), 1959, pp.8-10, repris dans *PES.II*, pp. 154-156(156).

（69） BERGSON, *MM*, p. 236.

（70） *Ibid.*

（71） 以下を参照：https://www.cnrtl.fr/definition/apercevoir（最終アクセス：二〇二〇年一〇月二十三日）

（72） BERGSON, *PC*, p. 149.

（73） 一九一一年版に従う（脚注37参照）。この部分は一九三四年『思考と動き』所収版では以下のように変更が加えられている：« Le peintre l'a bien isolée ; il l'a si bien fixé sur la toile que, désormais, nous ne pourrons nous empêcher d'apercevoir dans la réalité ce qu'il y a aperçu lui-même » (1911); « Le peintre l'a bien isolée ; il l'a si bien fixé sur la toile que, désormais, nous ne pourrons nous empêcher d'apercevoir dans la réalité ce qu'il y a vu lui-même» (1934).

（74） *Ibid.*, p. 150.

（75） BERGSON, *RE*, pp.115-121. ; *PC*, pp. 152-153.

（76） BERGSON, *PC*, p. 152.

（77） DUBUBFFET Jean, « Note du peintre », dans LIMBOUR, *op.cit.*, 1953, pp. 93-95, reprise dans DUBUFFET, *PES.II*, pp. 74-75(74).

（78） BERGSON, *PC*, p. 152.

（79） BERGSON, *EC*, pp. 304-305.

（80） *Ibid.*, p. 302.

（81） *Ibid.*, p. 305.

（82） DUBUFFET, *PES.I*, p. 72.

（83）*Ibid.*

（84）ベルクソンによる「神秘的」な「芸術」概念については、たとえば以下を参照：CHRISTOFLOUR Raymond, « Bergson et la conception mystique de l'art », dans *Henri Bergson : essais et témoignages inédits*, recueillis par BÉGUIN Albert et THÉVENAZ Pierre, Neuchâtel, Baconnière, 1941, pp. 160-178.

（85）ポーランが生前所持した文書の一点からみつかった記述。タイプ原稿六ページからなるその記述は、書簡記述を踏まえれば一九四四年夏、ちょうど詩画集『物質と記憶』制作開始間際に書かれたメモであった。：DUBUFFET, *PES.III*, pp. 239-244.

（86）表現の手段としての言葉をめぐる考察が綴られた同メモの最終部において、「ベルクソン」の名は「ラ・ブリュイエール」と並んで登場する。デュビュッフェによれば、「ラ・ブリュイエール、そしておそらくはベルクソンも」、思考を分離し固定化する「観念 *Idée* に依拠している」（強調箇所原文）。これに対して画家は、以下のように述べて同メモを締め括っていた。「わたしは図像 Image を用います〔…〕線と色彩によって、描くのです」：*Ibid.*, p. 244.

（87）BERGSON, *PC*, pp. 175-176.

（88）DUBUFFET, « Empreint », *PES.II*, p. 143.

（89）*Ibid.*, pp. 150-151.

（90）BERGSON, *MM*, p. 248.

（91）*Ibid.*, p. 250.

（筆者　こでら・りえ　京都大学大学院文学研究科博士後期課程／美学美術史学）

（図１）ジャン・デュビュッフェ《パリの街並み―すべての人が窓際に *Vue de Paris—Tout le monde aux fenêtres*》1944年、油彩・画布、89×116cm、所在不明

（図２）ジャン・デュビュッフェ《フランシス・ポンジュの肖像 *Portrait de Francis Ponge*》1947年、油彩・石膏・厚紙、60×146cm、アムステルダム市立美術館

（図２）部分

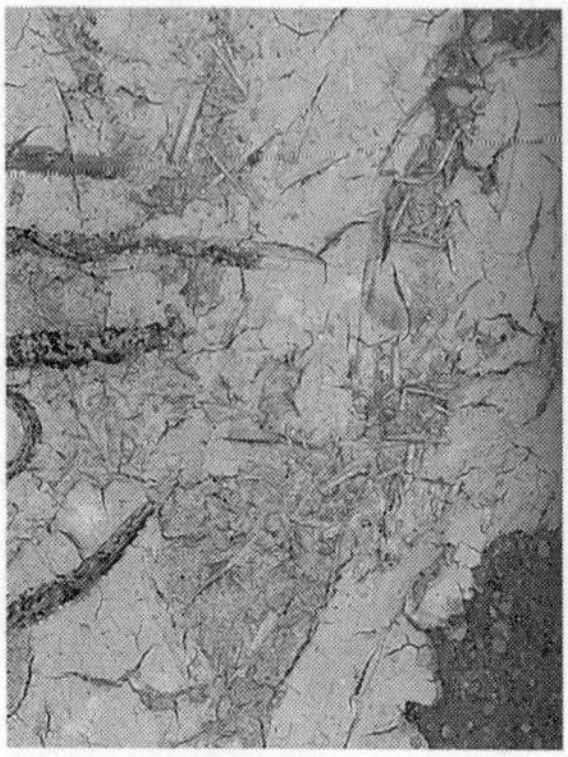

（図３）部分

（図３）ジャン・デュビュッフェ《ジョルジュ・ランブール鳥の糞風 *George Limbour façon fiente de poulet*》1945年、油彩・石礫・石膏・炭・藁・樹脂・繊維板、89×116cm、個人蔵

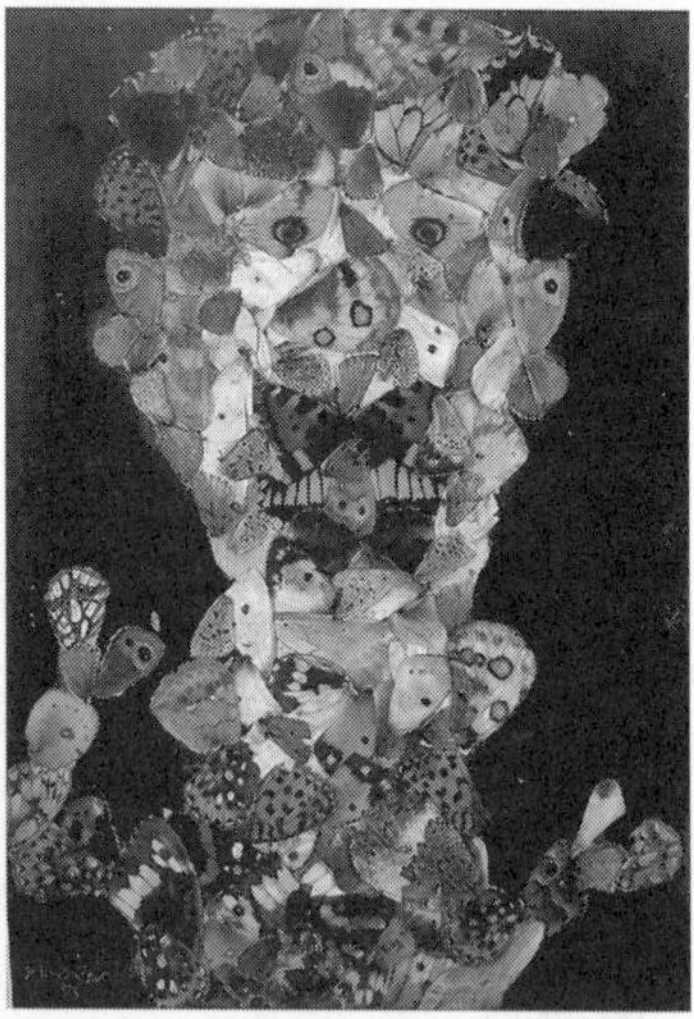

（図４）ジャン・デュビュッフェ《薔薇色の空の風景 *Paysage au ciel rose*》1955年、蝶の羽根、21×29cm、個人蔵

（図５）ジャン・デュビュッフェ《アポロ・パップの鼻 *Nez d'Apollo Pap*》1955年、蝶の羽根、25×18cm、ベルリン、国立版画素描館（シャルフ・ゲルステンベルク・コレクション）

（図６）ジャン・デュビュッフェ《鳥のいる茂み *Feuillages à l'oiseau*》1953年、単色石版画（〈跡形〉技法）、48×49cm

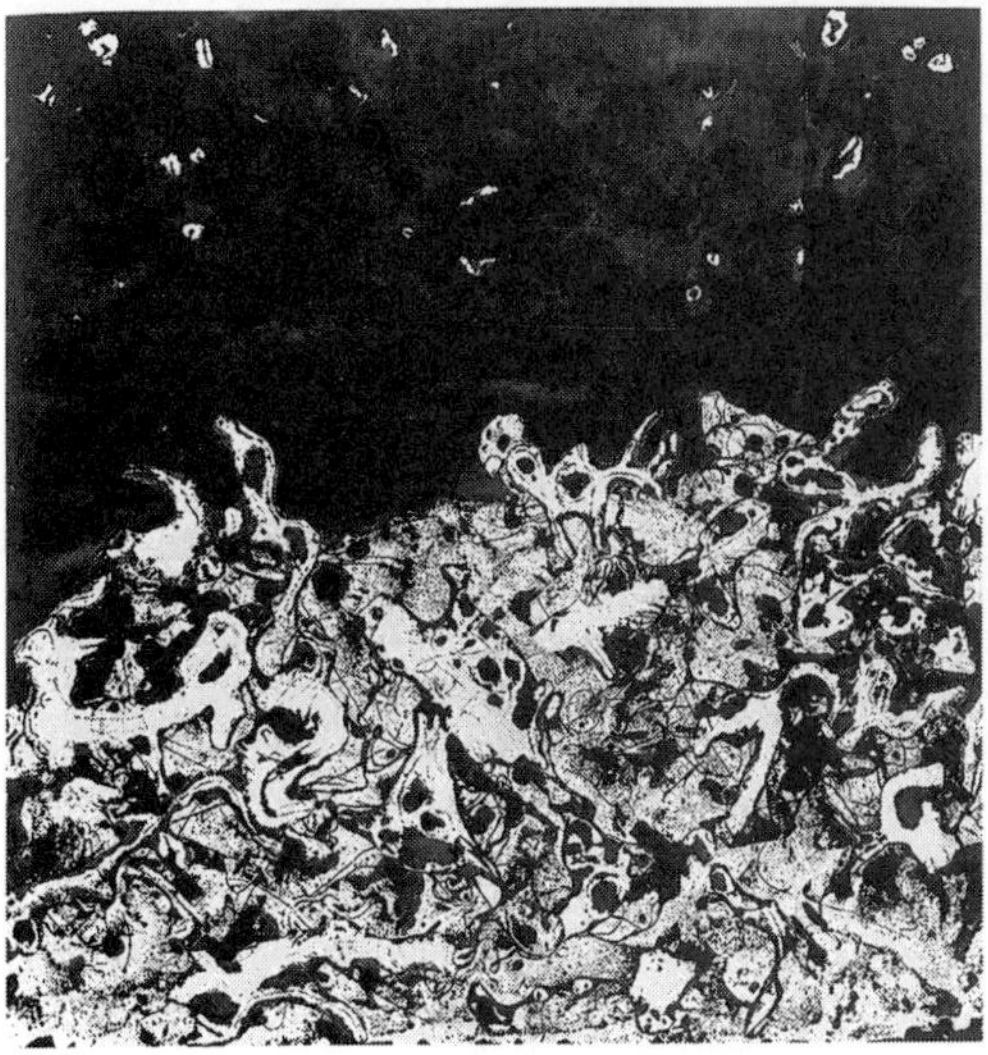

（図７）ジャン・デュビュッフェ《数多くの存在 *Présences nombreuses*》1954年、単色石版画（〈跡形〉技法）、56×55cm

（図8）ジャン・デュビュッフェ《えんじ色の風景 *Paysage cramoisi*》1954年、油彩・画布、73×62cm、パリ、デュビュッフェ財団

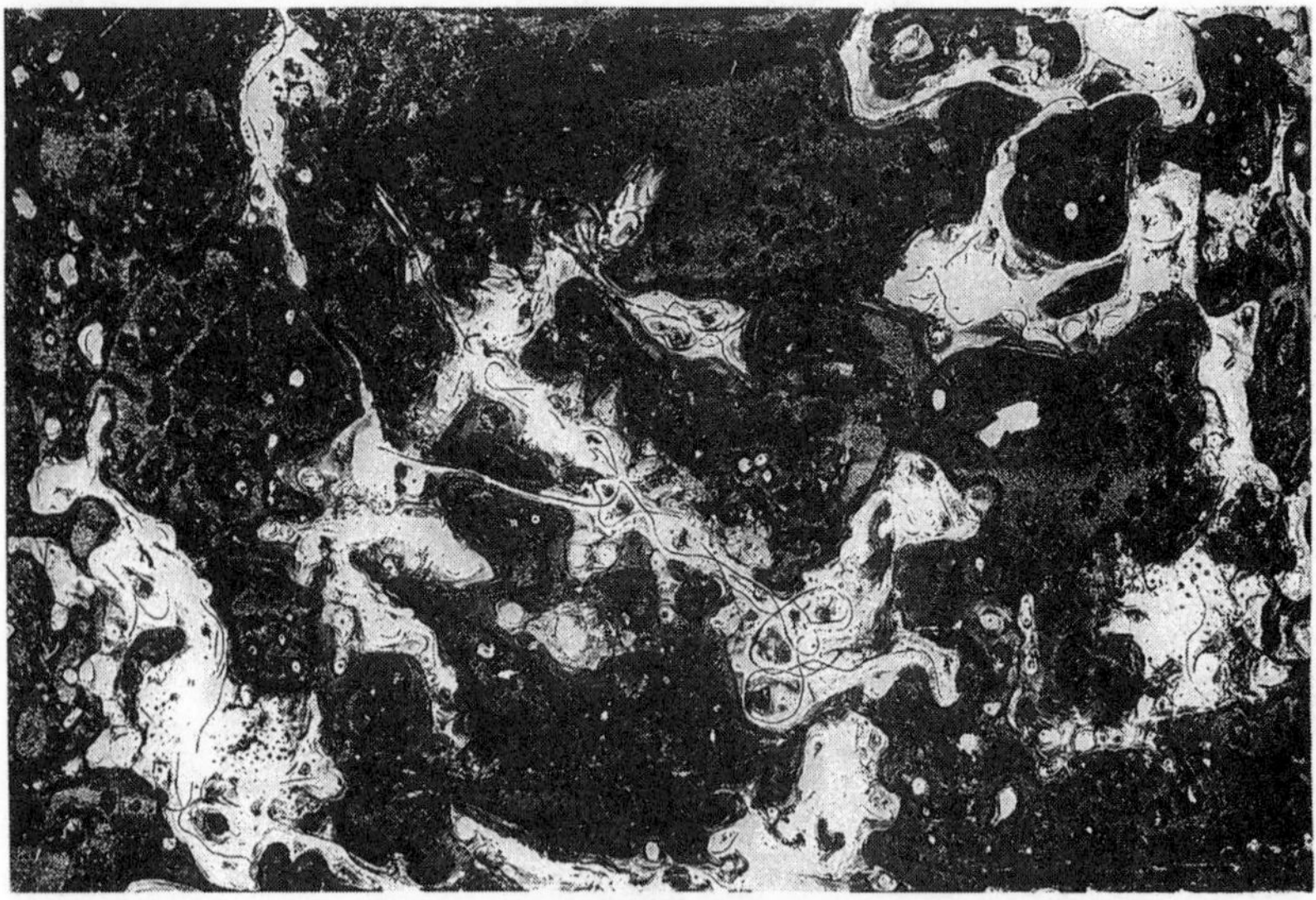

（図9）ジャン・デュビュッフェ《空の荷車と馬 *Chars et chevaux célestes*》1954年、単色石版画（〈跡形〉技法）、32×48.5cm

（図10）ジャン・デュビュッフェ《シバムギのある扉 *Porte aux chiendents*》1957年10月、油彩・画布、189×146cm、ニューヨーク、グッゲンハイム美術館

（図11）ジャン・デュビュッフェ《岩石と遺跡 *Roc et vestige*》1955年3月、油彩・画布、72×92cm、個人蔵

（図10）部分

（図12）ジャン・デュビュッフェ《レストレル *L'Estrel*》1955年3月、油彩・画布、114×89cm、個人蔵

（図10）部分

(図13) ジャン・デュビュッフェ《土の組織学 *Histologie du sol*》1957年10月、油彩・画布(〈アサンブラージュ〉技法)、66.7×92.6cm、バーゼル市立美術館

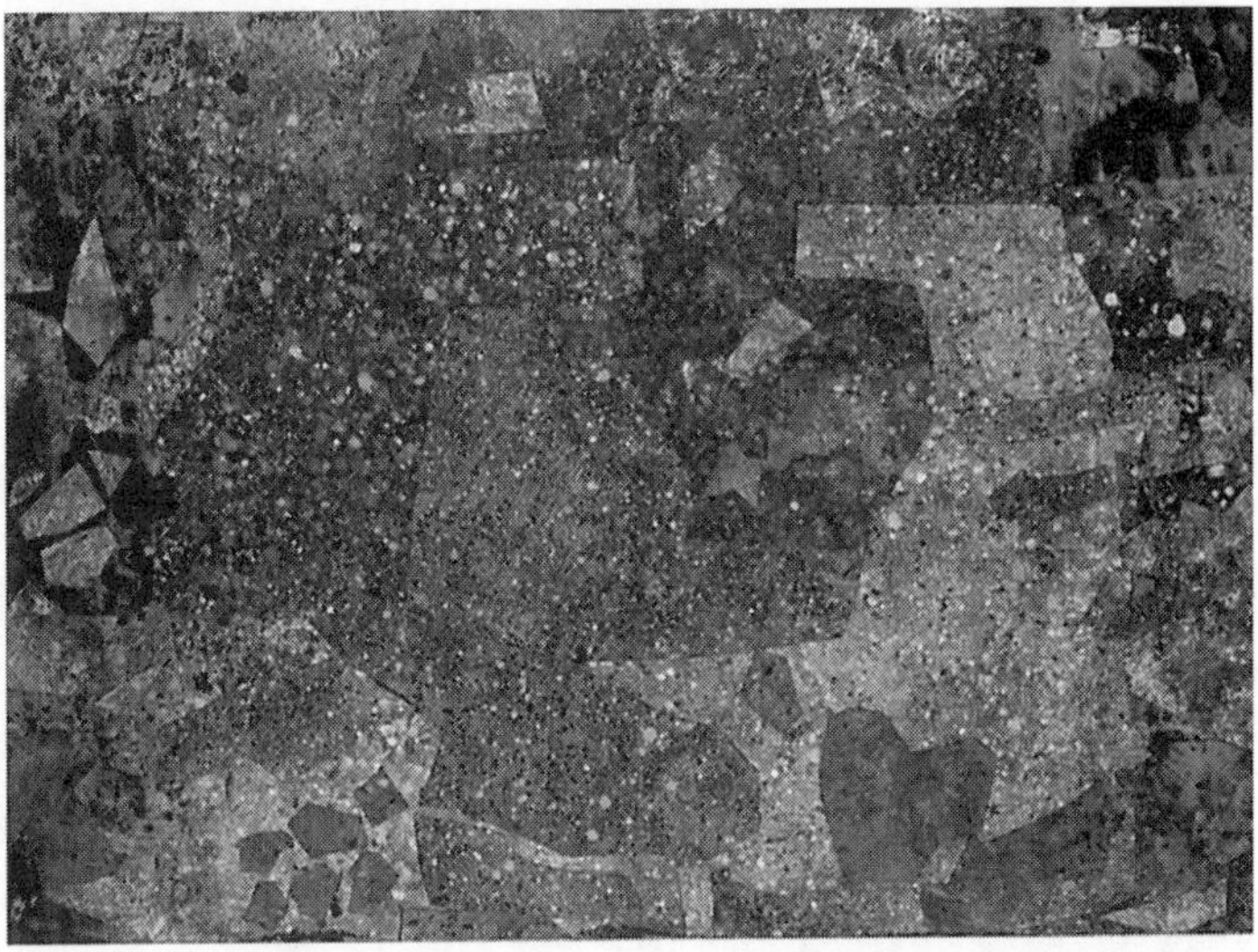

(図14) ジャン・デュビュッフェ《金色の地形図(土の永眠) *Topographie blonde (Dormition du sol)*》1958年3月、油彩・画布(〈アサンブラージュ〉技法)、89×116cm、個人蔵

（図15）ジャン・デュビュッフェ《都会の濡れた路面 *Chausée urbaine mouillée*》1957年10月、油彩・画布、81×100cm、個人蔵

（図16）ジャン・デュビュッフェ《おびたたしい平穏 *Sérénité profuse*》1957年10月、油彩・画布、114×146cm、パリ、国立近代美術館

（図17）ジャン・デュビュッフェ《質感学XLIX—砂っぽい地面*Texturologie XLIX – Chaussée Sablonneuse*》1958年3月、油彩・画布、97×130cm、個人蔵

（図18）ジャン・デュビュッフェ《質感学XLVI—黄土色の明るさ*Texturologie XLVI – aux claret ocrée*》1958年5月、油彩・画布、97×130cm、パリ、装飾美術館

（図19）ジャン・デュビュッフェ《質感学LXIII—規範的な地面の生*Texturogie LXIII—La vie exemplaire du sol*》1958年10月、油彩・画布、130×162cm、ロンドン、テート・ブリテン

(図20) ジャン・デュビュッフェ《質感学的跡形 *Empreinte texturologique (à forme resillé)*》1959年、油彩版画(〈跡形〉技法)、48×43cm

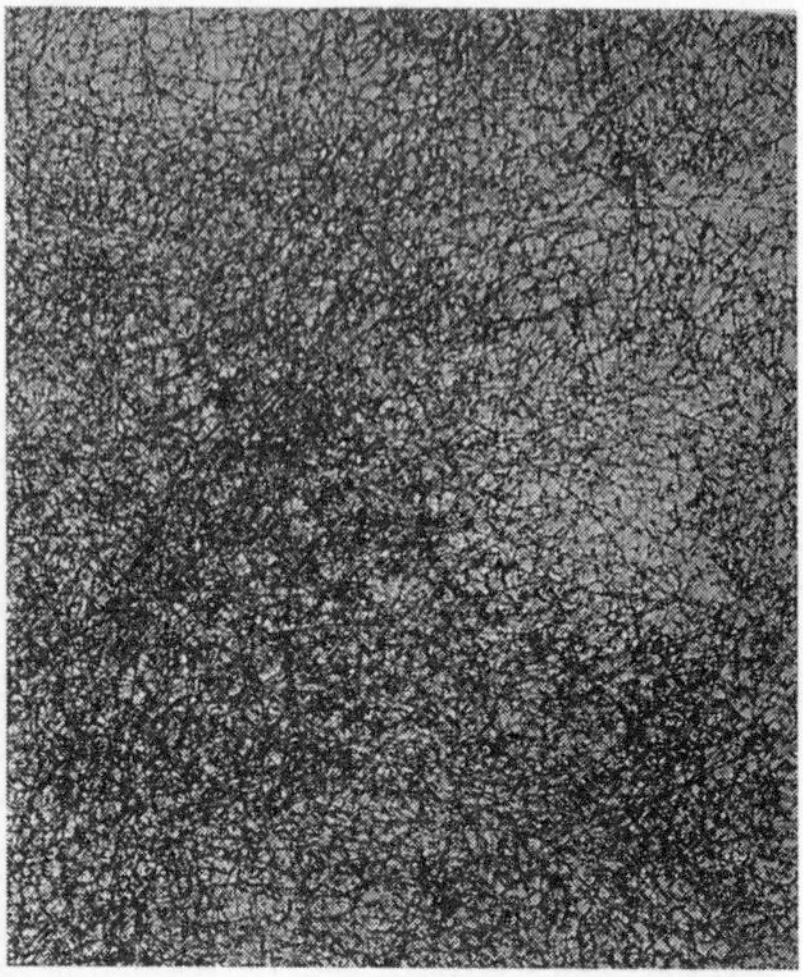

(図23) フランティセック・クプカ《花を摘もうとする女 *Femme cueillant des fleurs*》1909～10年、パステル・紙、45×39cm、パリ、国立近代美術館

(図21) ウンベルト・ボッチョーニ《心的状況 ―ゆく者たち *Stati d'animo–Quelli che vanno*》1911年、油彩・画布、70.8×95.9cm、ニューヨーク、グッゲンハイム美術館

(図22) ジャン・メッツァンジェ《自転車に乗る人(自転車競技場にて) *Le Cycliste (Au vélodrome)*》1912年、油彩・コラージュ・画布、130.4×97.1cm、ヴェネツィア、ペギー・グッゲンハイム・コレクション

（図24）ジャン・デュビュッフェ《ご婦人のからだ—流動的濃縮 *Corps de dame – Concentration fluidique*》1950年12月、油彩・画布、116×89cm、個人蔵

【図版出典一覧】

デュビュッフェ作品に関しては、以下の作品目録*における冊号・作品番号をしめす。カラー図版出典元がある場合には、そちらもしめした。

* *CTJD.*：*Catalogue des travaux de Jean Dubuffet*, établi par LOREAU Max (fascicule I-XXVIII) et DE TRENTINIAN Armande (fascicule XXIX-XXXVIII), Paris, Jean Jacques Pauvert, Minuit, 1965-1991.

(図 1)　*CTJD.*, fasc.I, no. 236.
(図 2)　*CTJD.*, fasc.III. no. 154. / 発表者撮影（2018年）
(図 3)　*CTJD.*, fasc.III. no. 38. /*Jean Dubuffet Anticultural positions*, cat.exp., New York, Acquavella Gallery, 2016, p. 195.
(図 4)　*CTJD.*, fasc.X, no. 128.
(図 5)　*CTJD.*, fasc.IX, no. 1. /*Dubuffet*, cat.exp. Paris, Musée national d'art moderne, 2001, p. 164.
(図 6)　*CTJD.*, fasc.IX, no. 45.
(図 7)　*CTJD.*, fasc.IX, no. 77.
(図 8)　*CTJD.*, fasc.IX, no. 28.
(図 9)　*CTJD.*, fasc.IX, no. 144. /『ジャン・デュビュッフェ』展、富山近代美術館、1997年、80頁.
(図10)　*CTJD.*, fasc.X, no. 102. /*Jean Dubuffet Métamorphoses du paysage*, cat.exp., Basel, Fondation Beyeler, 2016, p. 125.
(図11)　*CTJD.*, fasc.XI, no. 65. /*Dubuffet « Hauts Lieux », Landscapes 1944-1984*, cat.exp., Avignon, Palais des Papes, 1994, p. 194.
(図12)　*CTJD.*, fasc.VII, no. 85. /*Ibid.*, p. 484.
(図13)　*CTJD.*, fasc.XIV, no. 84. /cat.exp., Basel, 2016, p. 111.
(図14)　*CTJD.*, fasc.XIV, no. 85. /cat.exp., Avignon, 1994, p. 125.
(図15)　*CTJD.*, fasc.XIII, no. 99. / cat.exp., Paris, 2001, p. 190.
(図16)　*CTJD.*, fasc.XIII, no. 101. /*Ibid.*, p. 192
(図17)　*CTJD.*, fasc.XIV, no. 38. /cat.exp., Avignon, 1994, p. 124.
(図18)　*CTJD.*, fasc.XIV, no. 35.
(図19)　*CTJD.*, fasc.XIV, no. 224. /cat.exp., Paris, 2001, p. 195.
(図20)　*CTJD.*, fasc.XIV, no. 133.
(図21)　*Le futurisme à Paris : une avant-garde explosive*, dir. OTTINGER Didier, Paris/Milano, Centre Pompidou/5 Continents, 2008, p. 121.
(図22)　*Ibid.*, p. 195.
(図23)　*Ibid.*, p. 237.
(図24)　*CTJD.*, fasc.VI, no. 117, /cat.exp., Paris, 2001, p. 127.

THE OUTLINES OF THE MAIN ARTICLES IN THIS ISSUE

Why does statistics matter to philosophy?

by

Jun OTSUKA
Associate Professor,
Graduate School of Letters,
Kyoto University

This article explores the intersection of philosophy and statistics by examining philosophical assumptions underlying modern mathematical statistics from ontological and epistemological perspectives. Statistics is of interest to philosophers because its mathematical apparatus serves as "models" of philosophical ideas. For instance, much-discussed concepts of the uniformity of nature and natural kinds each correspond to the probability models and statistical models, which are the bread and butter of most statistical methods. Dennett's real pattern is similar in spirit to information criteria (such as AIC) used to determine the level of complexity that maximizes a model's predictive ability. In addition, the recent development in machine learning (e.g. deep learning) models implies that these machines have their own "ontology," which is far more complicated and possibly efficient in understanding the world than ours. This gives rise to a Quinian problem of radical translation between our and machines' ontologies, which, I suggest, is a key to the application of AI technologies to our society.

From the epistemological perspective, the article compares the Bayesian and classical statistics with the internalist and externalist epistemology, respectively. The comparison elucidates how and in what sense the statistical methods adopted in each camp are considered to justify scientific hypotheses, and also sheds light on their epistemic problems. I conclude with a plea for more studies and interdisciplinary dialogues between statistics and the philosophy of various traditions.

Die hintergründig gewordenen Metaphern und Hintergrund der Metaphorik
Eine philosophische Problematik von Blumenberg

by

Kazunobu SHIMODA

Associate Professor, Faculty of Arts and Literature,
Seijo University

Dieser Aufsatz versucht den Grundgedanken von Hans Blumenberg (1920-1996) dadurch zu verdeutlichen, sich auf ein Thema „Hintergrund" zu fokussieren und unter diesem Aspekt seine Werke zu analysieren. Zuerst wird die Problematik um dieses Thema bei seinem in fünfziger Jahren ausgearbeiteten früheren Projekt einer Metapherntheorie festgestellt, das von Blumenberg Metaphorologie genannt wurde. Man kann sowohl aus einer Rede von 1958, die „Thesen zu einer Metaphorologie" getitelt wurde, als auch dem programmatischen Buch *Paradigmen zu einer Metaphorologie* (1960) das spannende Verhältnis mit der damals modisch gewordenen Begriffsgeschichte deutlich sehen. Daher tauchte vor allem die systematische Stellung der Metapher als ein Vorfeld der Begriffsbildung auf. In diesem Argument spielte zwar die hinter dem Denken implizit wirkenden Funktion der modellierten Metapher eine bestimmte Rolle, welche aber erst später zentral wurde.

Das Problem dieser Hintergrundmetaphorik wird besonders zum Vorschein kommen, wenn in 1970er Jahren eine auf anthropologische Weise gestaltete Theorie der Lebenswelt in Metaphorologie zusammenfließt und damit Blumenberg einen neuen Denkrahmen der „Theorie der Unbegrifflichkeit" formuliert. Für den Gesichtspunkt dieses Aufsatzes ist es aufschlußreich, dass die Neuformulierung der Metaphorologie die Befreiung von der Beschränkung der Begriffsgeschichte bedeutet. Erst dann kann man klar verstehen, dass die Problematik um den Hintergrund im Zentral des metaphorologischen, unbegriffsgeschichtlichen Denkens von Blumenberg steht. Er thematisiert auf eigene umwegige Weise den prinzipiell unthematisierbaren Sachverhalt: den Hintergrund nämlich, der unser Denken, Gefühl und Entscheidung zwingend orientiert und in gewisser Richtung kanalisiert.

La peinture comme point de rencontre entre la matière et l'esprit : les réflexions et la pratique artistique de Jean Dubuffet au prisme de la philosophie d'Henri Bergson

par

Rie Kodera

Doctorante en Esthétique et Histoire de l'art

l'Université de Kyoto

Du milieu des années 1940 jusqu'à la fin des années 1950, les œuvres de Jean Dubuffet (1901-85) sont caractérisées par leur matérialité distinctive ; durant cette période, le peintre a expérimenté plusieurs matières picturales telles que du sable fin, du blanc de zinc, ou des bouts de ficelle, et ainsi réalisé des tableaux dont l'épaisseur de l'huile mêlée à d'autres substances ou des grattages sollicitent l'attention des spectateurs. Quel rôle a joué cette matérialité dans l'art de Dubuffet ? Pour répondre à cette question, je propose de faire référence à Henri Bergson, qui considéra l'art des peintres comme une manière de « serrer de plus près la réalité matérielle ». De fait, il se trouve plusieurs écrits du peintre qui font écho à ceux du philosophe. Dans cet article, nous rapprochons les œuvres picturales et graphiques du peintre avec ses écrits tout en les comparant avec ceux de Bergson, entre autres *Matière et mémoire* (1896), *Révolution créatrice* (1907) ou *La Perception du changement* (1911). Nos analyses montrent comment Dubuffet a cherché une perception brute du monde matériel en envisageant, comme Bergson, l'*art* comme une voie de connaissance.

会告

一、本会は会員組織とし会員には資格の制限を設けません。入会希望の方は京都市左京区吉田本町京都大学大学院文学研究科内京都哲学会（振替口座〇一〇二〇―一―四〇三九　京都哲学会）宛に年会費六、〇〇〇円をお支払下さい。

一、会員の転居・入退会の事務及び編集事務の一切は京都哲学会宛に御通知下さい。

一、本誌の編集に関する通信・新刊書・寄贈雑誌等は本会宛にお送り下さい。

一、本誌への論文の投稿は、原則として本会会員のみ受付け、掲載の可否については、編集委員会と編集委員会で委嘱した委員（若干名）の査読を経て、編集委員会で決定する。（本会主催の公開講演会の講演原稿の掲載など、編集委員会依頼による論文掲載については、この限りではない。）

京都哲学会
〒六〇六―八五〇一
京都市左京区吉田本町
京都大学大学院文学研究科内
（〇七五―七五三―二八六九）

令和三年六月二十八日印刷
令和三年六月三十日発行

編集兼発行人　京都大学大学院文学研究科内　京都哲学会

編集委員　杉村靖彦
児玉聡
宇佐美文理

発売所　京都大学学術出版会
京都市左京区吉田近衛町六九
京都大学吉田南構内（六〇六―八三一五）
電話〇七五―七六一―六一八二

印刷所　株式会社文成印刷

註文規定

一、本誌の御註文はすべて代金送料共（一部、送料二〇〇円）前金にて京都哲学会宛お送り下さい。

ISBN978-4-8140-0366-2

令和三年六月二十八日印刷

ISBN978-4-8140-0366-2 C3310 ¥2500E
定価：本体2,500円（税別）

9784814003662

1923310025008

THE JOURNAL
OF
PHILOSOPHICAL STUDIES

THE TETSUGAKU KENKYU

NO. 606 June 2021

Articles

Published by
THE KYOTO PHILOSOPHICAL SOCIETY
(The Kyoto Tetsugaku-Kai)
Kyoto University
Kyoto, Japan

ISSN　0386－9563

令和二年十月三十日發行

哲學研究

第六百五號

令和二年十月三十日發行

京都大學大學院文學研究科内
京都哲學會

京都哲学会規約

一、本会は広義における哲学の研究とその普及を図ることを目的とする。

二、右の目的のために左の事業を行う。

㈠会誌「哲学研究」を発行する。

㈡毎年公開講演会を開く。

㈢随時研究会を開く。

三、本会の事業を遂行するために委員若干名をおく。委員会の中から互選により代表一名をおく。委員は京都大学大学院文学研究科の旧哲学科系所属教官の有志、および委員会において推薦したものに委嘱する。

四、委員会の中に「哲学研究」の編集委員会をおく。

五、本会は賛助員若干名をおく。賛助員は会員の中から委員会が推薦する。

六、本会は会員組織とし、会員には資格の制限を設けない。学校・図書館・其他の団体は団体の名を以て入会することができる。

七、会員は年会費六、〇〇〇円を納める。

八、会員は会誌の配布を受け会誌に予告する諸種の行事に参加することができる。

九、本会は事務所を京都大学大学院文学研究科内におく。

十、規約の改正は委員会の決定による。